중국을 뒤흔든
한국인의 상술

중국을 뒤흔든 한국인의 상술

첫판 1쇄 ㅣ 찍은날 2005년 1월 24일
첫판 1쇄 ㅣ 펴낸날 2005년 1월 24일

지은이 ㅣ 조평규
기   획 ㅣ 한성출판기획(ibook4u.co.kr)
펴낸이 ㅣ 문종현
펴낸곳 ㅣ 도서출판 달과소
출판등록 ㅣ 2004년 1월 13일 제2004-6호
주소 ㅣ 411-380 경기도 고양시 일산구 장항동 730-1 양우로데오시티 750호
전화 ㅣ 031-817-1342 팩시밀리 031-817-1343
홈페이지 ㅣ www.dalgaso.co.kr
찍은곳 ㅣ 신우문화인쇄

ISBN: 89-91223-04-4 03320

중국을 뒤흔든

서라벌 식당–한국 문화가 상품이다 **농심**–중국인의 입맛에 맞추지 말고 선도하라 **경동보일러**–틈새를 공략하여 확장하라 **LG전자**–최고의 서비스를 판매하라 **이마트**–차별화로 고객의 마음을 사로 잡아라 **삼성**–중국에서 승부한다 **올시**–고객을 압축하라 **오리온 초코파이**–치밀한 광고 전략으로 브랜드 인지도를 높여라

한국인의 상술

지은이 조평규 | 기획 한성출판기획

달과소

헤이룽장성

●하얼빈

지린성

●창춘

네이멍구 자치구

후허하오터●

허베이성

랴오닝성

●선양

베이징●

톈진●

●인촨

산시성

●스쟈좡

타이위엔●

산둥성

●지난

산시성

●정저우

허난성

장수성

시안●

안후이성

상하이

후베이성

●허페이

●난징

우한●

●항저우

저장성

●

후난성

●난창

장시성

●

창사●

푸젠성

●푸저우

타이완성

창족자치구

광둥성

●난닝

●광저우

●홍콩 특별행정구
마카오 특별행정구

●하이커

하이난성

　가난하고 잠자는 대국으로 알려졌던 중국이 개방 25년 만에 세계 경제 대국으로 자리를 잡아가고 있습니다. 세계의 공장에서 세계의 시장으로 부상함에 따라 중국은 이제 전 세계 기업인들의 집중적인 관심의 대상이 되고 있습니다.

　중국은 예로부터 우리에게 위협적인 존재로 혹은 기회의 땅으로 인식되어 왔습니다. 한중 수교를 전후하여 한국 기업의 중국 진출은 봇물을 이루어 중국 어느 지역을 가더라도 한국계 기업이 없는 곳이 없습니다. 그러나 중국에 진출하여 성공을 거두었다는 이야기는 좀처럼 들리지 않습니다. 오히려 실패하거나 잘못된 사례들이 지면을 장식하고 있습니다. 중국은 전 세계의 글로벌기업들이 강력한 경쟁력을 바탕으로 서로 피나는 싸움을 벌이는 전쟁터입니다. 열악한 경영 자원을 가진 우리 기업들은 유수한 다국적 기업과 중국의 국영기업과 로컬기업 사이에 끼여 상당한 고전을 하고 있다고 보면 틀림이 없습니다.

　본서는 중국에 진출하여 상당한 성공을 거둔 우리 기업들의 성공 전략을 소개하기 위하여 쓰여졌습니다. 물론 실패 사례를 통하여 배울 점도 있겠으나, 성공한 케이스에서 더 많은 것을 취할 수 있으리란 생각에서 본서를 세상에 내놓게 되었습니다. 본서에 등장하는 성공 기업들에게는 실명 거론 부분에 대한 사전 허락을 받지 못한 점에 대하여 이 지면을 통하여 양해를 구합니다.

중국 내수시장에서 선전하고 있는 우리 기업들의 경영 전략들을 살펴보면, 고급 브랜드 이미지를 구축하고 품질과 서비스에서 차별화 전략을 구사합니다. 그리고 외상매출을 최소화하고 현금 거래를 함으로써 경영 부담을 줄이고 있습니다. 또한, 현지 정부와 원만한 관계를 유지하고, 현지 사회에 공헌하는 경영의 현지화를 적극 추진하고, 사업을 '현지완결형'으로 가져 감으로써 효율을 극대화하는 전략을 펼치고 있습니다. 중국에서 성공한 기업들은 모두 인재를 키우고 소중히 하는 기업문화를 정착시키고 있는 특징을 가지고 있음은 시사하는 바가 크다고 아니 할 수 없습니다.

우리는 지리적으로 중국과 가장 가까운 위치해 있는 나라입니다. 경제적으로 볼 때 우리와 가장 가까운 곳에 중국이라는 거대한 생산 거점과 소비 시장이 존재한다는 것은 축복이 아닐 수 없습니다. 우리

나라는 무역과 교류에서 물류비를 절감할 수 있는 절대적 우위를 가지고 있습니다. 또한, 우리는 지난 30년간 제조업에서 국부를 창출한 풍부한 경험들을 가지고 있습니다. 우리의 경험들은 바로 중국에서 써 먹을 수 있고, 상당한 경쟁력을 가진 역량이 됩니다. 그리고 수천 년을 중국과 교류한 경험을 가진 나라는 우리가 유일합니다. 우리에게 유리한 조건들이 아닐 수 없습니다.

중국은 다양한 경험과 풍부한 경영 자원을 갖춘 대기업들도 상당한 어려움을 토로하고 있는 지역입니다. 한국의 개인 기업가, 중소기업, 중견기업들이 거대한 중국을 상대하다 보면 어려운 점들이 한둘이 아닙니다. 중국에 대한 안일한 인식과 배타적 태도, 그리고 쓸데없는 우월감과 무지로 인하여 급변하는 대륙의 움직임을 쫓아가지 못하고 기회를 상실하고 있다는 사실은 실로 안타까운 현실이 아닐 수 없습니다. 중국에 대한 서적들이 많이 출판되고 있기는 하지만, 학자들은 너무 이론적이고 학술적인 면에서 접근하다 보니 현실감이 떨어집니다. 중국에 대한 일반적 내용들은 인터넷으로 찾아보면 얼마든지 구할 수 있습니다. 이 책에서는 중국에 대한 원론적이고 일반론적인 내용들은 가능한 배제하고 구체적으로 실명을 거론하여 현장감을 살리려고 노력하였습니다.

　본서를 출간하기까지에는 적지 않은 분들의 도움과 가르침, 그리고 격려가 있었기에 가능하였습니다. 서울국제학교 김형식 이사장님, 중한기업연의회 권순기 회장님, 서강대학교 경영학과(지용희 교수님, 이철 교수님, 임채운 교수님), 경북대 김우관 교수님, 건국대 김우봉 교수님, 전 삼성그룹 중국본사 김유진 사장님, LG그룹 중국지주회사 노용악 부회장님, 권병현 전 주중한국대사님 그리고 한성기획출판의 정인상 선생님에게도 감사의 말씀을 전합니다.

2004년 12월

조평규

▌차례

Part 01

세계가 주목하는 화두, 중국

중국 진출은
선택이 아닌 필수

| 중국으로 꼭 가야만 하는가? |

중국으로 반드시 가야만 하는가? 사업을 하는 사람으로서 이따금 자신에게 던져 보는 물음이다. 중국에는 무언가 특별한 것이 있어 가기만 하면 돈을 벌 수 있나? 사업은 미국에서 하거나 한국에서 하거나 중국에서 하거나 공통의 룰이 지배하고 있다. 자본주의 원리가 작동하기 때문에 기업이 계속 존재하려면 이익을 창출해야 하고 이익을 내지 못하면 망한다.

이제 중국을 빼고 해외 진출을 이야기하기 어려운 시대에 살고 있다. 우리의 저녁 뉴스에는 중국에 대한 소식이 보도되지 않는 날이 없다. 중국산 제품은 우리가 매일 먹는 먹거리에서 신발, 의복, 일상 생필품, 그리고 자녀들의 장난감까지 우리의 일상생활 속 도처에 깔려 있다.

중국은 이제 피할 수 없는 우리의 일부분이 되어 있다. 부시 미국

대통령도 중국이라는 거대한 존재 앞에서 북핵 문제를 거론하였다가 쩔쩔매고 있다. 중국의 존재가 없었다면 우리가 지금 편안한 잠을 잘 수 있을까 의문이다.

우리가 분단된 국가라는 점과 세계열강에 비하여 상대적으로 약소 국이라는 정치적인 변수들은 잠시 접어두기로 하고, 본 장에서는 우리가 중국으로 진출하면 유리하게 작용할 수 있는 긍정적인 요소들을 살펴봄으로써 직간접으로 중국과 관련을 맺고 있는 사람들이 중국을 이해하는 데 도움이 되었으면 하는 바람이다.

| 역동성을 갖춘 매력적인 시장 |

중국은 실질 구매력을 갖고 있는 엄청난 시장을 가지고 있다. 그리고 성장하는 시장이다. 그렇다. 중국은 13억이나 되는 인구를 보유하고 있으며, 우리의 중산층에 해당하는 구매력 있는 인구가 7천만 명에 달한다. 휴대폰을 가진 3억 명을 실질 구매력을 가진 인구로 추정하여도 큰 무리는 없다.

세계 경제의 침체와 경쟁의 격화로 수출에서 이익의 폭은 줄어들고 있지만, 중국은 매년 큰 폭으로 성장하고 있다. 중국의 성장은 일시적인 현상이 아닌 상당 기간 지속될 것으로 보이기 때문에 중국으로의 투자와 진출은 기업으로서도 큰 기회가 될 수 있다. 시장이 성숙되고 진출 리스크가 낮아진 후에는 진입이 매우 어렵기 때문에 높은 리스크가 존재함에도 불구하고 중국으로 가지 않을 수 없는 것이다.

사업에서 성장이란 필수적인 요소이다. 성장이 없는 시장에서의 경쟁이란 그야말로 제로섬게임의 소모전을 의미한다. 그러나 중국에서는 이런 상황을 회피할 수 있다. 성장이 멈춘 유럽이나 일본에서의 피 말리는 게임을 상상해 보라. 한국 기업들이 성장이 정체되어 있는 선진국의 시장을 개척하려면 상당한 난관을 극복해야 한다. 하지만 중국은 다르다. 중국인의 엄청난 구매력은 내수시장을 뜨겁게 달구고 내수시장의 활황은 새로운 구매력을 확대 재생산하는 기능을 수행한다. 우리 기업들은 이웃의 성장하는 시장을 외면한 채 다른 곳을 기웃거릴 필요가 없다. 중국에서 승부를 걸어야 하는 이유가 바로 여기에 있다.

1 ▪ 건강하고 높은 실질 구매력

중국 인구의 5퍼센트 정도는 우리의 중산층 못지않은 경제력을 가지고 있다. 이들의 구매력은 우리와 일본을 앞서고 있다. 중국 시장에서 중저가보다 고가 시장이 훨씬 크게 성장하고 있는 것만 보아도 이들의 파괴력을 실감할 수 있다.

중국의 제조업은 세계의 공장이라 불린다. 제조업은 중국의 왕성한 실질 구매력의 기반을 제공하고 있다. 시골에서 올라온 공장의 종업원은 일정 부분 현지에서 소비하지만 적지 않은 금액을 고향으로 송금한다. 제조업은 직접적으로 도시뿐만 아니라 농촌 지역의 경제 성장에도 상당한 기여를 하고 있는 것이다.

제조업의 성장을 기반으로 한 구매력의 선순환 구조는 내수를 더욱 확충하고 더 많은 제조업체를 외국으로부터 불러들이는 요인으로 작용한다. 중국 경제의 규모의 경제가 가져다주는 강한 원가 경쟁력은 인접 국가의 경쟁 기업들을 탈락시키고 있다. 이것은 중국이 국제 시장에서 주도권을 확보하는 원동력이다. 중국이 강력한 내수 기반과 함께 국제 경쟁력을 확보하고 있기에, 세계 경제가 동시에 불황에 빠지지 않는 한 중국은 상당한 안전성을 가진 매력적인 곳이라 할 만하다.

중국 소비자의 소비 성향과 질이 합리적이라는 점도 중국 경제가 건강하게 발전하리라는 예측을 가능하게 한다. 중국은 멕시코나 남아메리카의 소비자들처럼 절약이나 저축을 모르는, 있으면 다 써 버리고 돈이 떨어지면 일하러 가는 풍조를 가진 나라가 아니다. 중국의 소비자들은 일본이나 우리와 유사한 패턴을 가지고 있다. 수입의 일정 부분을 저축하면서 부를 축적하기 위한 강한 열망을 가지고 있다.

또한, 개혁개방 이후에 태어난 신세대들은 다양한 구매 패턴을 가지고 있어 전통적인 마케팅 원리가 작동하는 시장을 형성하고 있다. 중국 어느 도시를 가더라도 일정 규모의 시장이 존재하고 있는 점도 중국 시장의 매력이다.

2 ■ 중국에 투자하면 안전한가?

중국에 투자하였다가 돈을 떼이지는 않을까? 송금은 자유로운가? 세금은 이중으로 내야 하는 것은 아닌가? 중국 투자를 고려하는 초보자들이 고민하는 문제들이다. 이미 중국은 WTO에 가입한 국가답게 법적 제도적으로 투자자를 충분히 보호하는 장치를 마련해 두고 있어 투자하였다가 사업상의 문제 이외의 사정으로 손실을 입을 가능성은 매우 낮다.

금융 부실의 문제가 존재하지만 외자기업이 중국 금융기관으로부터 직접 금융을 받는 경우는 많지 않기 때문에 그리 걱정할 필요는 없다. 변경 지역의 소수민족에 의한 분리 독립 문제도 제기되고 있으나 아직은 찻잔 속의 파동에 지나지 않는다.

투자에 대한 리스크는 개방 초기에 비하면 상당히 개선되어 있다. 남북한의 전쟁 가능성과 북핵 문제, 강성 노조가 존재하는 한국보다 오히려 리스크 측면에서 중국이 더 안전하다고 느끼는 기업가들이 늘어나고 있는 추세이다.

3 ■ 중국은 전략적 사업 지역

성장이야말로 모든 사업의 핵심 환경이다. 성장하지 않는 시장에서 이익을 얻기란 하늘의 별 따기나 마찬가지다. 성장이 정체된 시장은 제로섬게임이라는 무시무시한 경쟁이 존재하는 영역이다. 엄청난 물량으로 경쟁자들과 끝없는 소모전을 치러야 하는 것이다. 현재의 유럽 시장과 같이 연간 경제 성장률 3퍼센트를 고성장으로 보는 성숙 시장에서는 까다로운 서비스는 기본이고, 시장의 소비자도 다양한 계층으로 세분화되어 있어 상품을 팔고 나서도 소비자를 임금 모시듯 해야 한다. 한국의 기업들이 선진국 시장에 진입한다는 것은 아이템과 서비스를 찾기도 어렵거니와 진출하더라도 상당한 비용을 감수해야 한다.

이런 점에서 우리의 바로 옆에 중국이라는 거대한 시장이 부상하고 있다는 것은 참으로 다행한 일이 아닐 수 없다. 매년 최소한 7퍼센트의 성장이 보장되고 엄청난 잠재시장을 가진 시장이 우리의 바로 눈앞에 펼쳐져 있는 것이다. 중국 발전의 가장 큰 수혜자가 한국이라는 것은 주지의 사실이다. 다만, 전략적인 준비를 하지 않으면 앞으로 경제적인 예속이 심화되는 등 재앙이 될 수도 있다는 사실을 염두에 두어야 한다.

결론적으로 역량을 갖추고, 충분한 정보를 가지고, 다양한 파트너와 공동 이익을 추구할 수 있는 자신을 가진 기업이라면 중국을 빼놓고 사업을 이야기한다는 것은 난센스라 아니할 수 없다.

가장 중요한 것은 역시 중국에 투입할 수 있는 인재를 보유하고 있느냐 하는 것이다. 중국을 이해하고 중국에 애정을 가진 중국 전문가를 보유하고 있다면 지금이라도 망설이지 말고 중국에 발을 담가야 한다. 시간이 없다. 막차라도 타야 목적지에 도달할 수 있다. 머뭇거리는 사람에게는 아무런 기회가 없다.

4 ▪ 우리에게 유리한 조건

중국은 우리와 지리적으로 매우 가깝기 때문에 유리한 점이 많다. 먼저 생각해 볼 수 있는 것이 물류비의 절감이다. 국제간의 무역이나 투자 등에서 물류비의 중요성은 나날이 늘어가고 있다. 항공로뿐만 아니라 이제는 부산, 인천 등 한국의 주요 항구에서 중국의 연해로 페리 호와 각종 화물선이 하루에도 수십 척이 왕래한다. 저렴한 비용으로 물류비를 해결할 수 있다는 것은 다른 어느 국가보다도 유리한 점이다. 가깝기 때문에 심리적으로 느끼는 안정감도 중국 진출을 꿈꾸는 요인 중의 하나다. 또한, 적은 비용으로 자유롭게 여행하면서 사업

거리를 찾을 수 있다는 것도 유리한 점이라 할 수 있다.

한국과 중국은 교류의 역사가 깊다. 서로를 잘 알 수 있는 역사적 배경을 가지고 있으면 그만큼 사업에 유리하다. 문화적 거리감이 적으면 적을수록 교류에서 생기는 마찰이 적어진다. 유사 이래 한국과 중국은 약간의 단절 기간이 있었으나 대체적으로 끊임없이 교류해 오고 있는 유일한 국가이다.

음식과 복식 방면에 있어서도 서구인들이 중국에서 느끼는 정서적인 이질감들을 우리는 전혀 느끼지 않는다. 우리와 비슷한 정서를 가진 근로자 수억 명이 대기하고 있다는 것은 축복이 아닐 수 없다. 오랜 교류의 결과 중국인들이 서구인에게 품는 경계심이 우리에게는 비교적 약하게 작용한다. 한자를 매개로 하면 간단한 서로의 의사도 표현할 수 있다. 서로의 언어와 문화를 배우는 데 유리한 조건이 한둘이 아니다. 이러한 문화적 동질성은 사업에서도 유리하게 작용한다.

| 우리의 경험을 바로 써 먹을 수 있는 시장 |

우리는 중국보다 한 단계 앞서가는 분야가 많다. 우리는 지난 40년간 제조업으로 국부를 일으켜 세운 소중한 경험을 가지고 있다. 제조업에서의 이러한 경험들은 중국에 가서 그대로 써 먹을 수 있는 것이 무궁무진하다. 한국의 제조업체들은 이것을 활용하여 제품의 라이프 사이클을 연장하면서 새로운 것을 모색해 볼 수 있는 시간을 벌 수도 있다.

중국도 농촌 인구의 도시 집중화 현상이 심각하다. 중국 대도시의 역 광장에 가보라. 무작정 도시로 올라온 수많은 상경 인파를 보게 될 것이다. 30년 전의 우리와 똑같은 일이 재연되고 있다. 우리도 농촌에서 무작정 상경하여 성공한 경험들을 가지고 있다. 한국인들은 그들의 눈빛만 보아도 그들이 무엇을 원하는지 알 수 있다. 그들에게 필요한 것이 무엇이고 희망이 무엇인지를 알아차린다는 것은 서양인들에게 쉽지 않은 일이다.

또한, 중국에는 조선족이라는 우호 세력이 있다. 이웃 일본도 전혀 갖고 있지 않은 한국만의 소중한 자원이 아닐 수 없다. 적지 않은 문제점들도 있지만, 조선족의 존재는 중국에 진출하는 우리 기업들에게는 엄청난 원군이다. 해외 진출 시 당하게 되는 언어의 장벽을 일시에 허물 수 있으며 중국인과의 가교 역할도 성실히 수행한다. 이 얼마나 큰 혜택인가! 수교 이후 10년 만에 중국과 우리의 교역이 급성장할 수 있었던 배경에는 조선족의 첨병 역할이 크게 작용하였다. 조선족을 WIN-WIN 파트너로 잘 활용한다면 서로 도움을 주면서 성공에 보다 가까이 다가갈 수 있다.

한국은 디자인과 무역을, 중국은 생산을 담당하는 구도는 당분간 유망하다. 한국은 명실 공히 IT 강국이다. 그리고 수출로 국가 경제를 이끌어가는 나라이다. 따라서 전 세계와 실시간으로 연결되어 있는 무역 네트워크가 잘 갖추어져 있다. 게다가 그들의 입맛에 맞는 디자인을 만들 수 있는 능력을 보유하고 있다. 중국은 저렴한 인건비와 풍부한 자원 덕분에 원가 경쟁력을 보유하고 있다. 서로의 장점을 살려 나가면 당분간 세계 시장에서 경쟁력을 잃지 않을 수 있다.

왜 중국으로 가야 하는가? 그것은 중국이 아니고는 우리에게 선택의 여지가 그리 많지 않기 때문이다. 낯선 이국에서 제조업을 하거나 그들을 상대로 무역을 하는 일은 쉽지도 않고 실패할 확률도 아주 높다. 세계는 생존을 위한 무한경쟁에 돌입하고 있다. 원가 절감이 가장 잘되는 곳, 13억의 인구에서 뿜어져 나오는 구매력의 역동성이 있는 곳, 한국과 가장 가깝고 수천 년 동안 교류해 온 나라, 조선족이라는 2백만 명의 원군이 있는 나라. 대외 의존도가 높은 경제 구조를 갖고 있는 우리로서는 중국을 선택할 수밖에 없는 것이다.

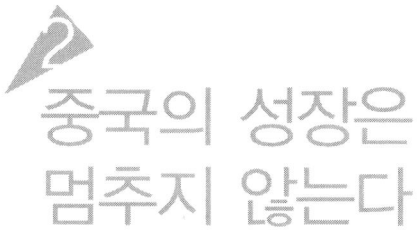

중국의 성장은
멈추지 않는다

| 폭발하는 중국의 성장 |

원자바오(溫家寶) 총리는 2004년 상무회의를 주재하는 자리에서 "지난 4월 발표한 거시경제 조절정책의 강화는 이미 뚜렷한 성과를 거두고 있다. 중앙정부의 정책을 지속적으로 시행한다면 국민 경제는 안정적이고도 빠른 성장을 유지할 수 있을 것이다."라고 하였다.

또한, 경제 조절정책을 평가하는 회의에서는 "국민 경제가 안정적이고도 빠른 성장세를 유지하였으며, 기업의 효율이 향상되었고, 재정 수입이 대폭 증가하였으며, 대외무역이 빠르게 성장하였고, 소비 수요가 왕성하였으며, 취업과 재취업이 계속 확대되었고, 국민 소득이 크게 증가하였다. 특히, 농민들의 빠른 현금 소득 증가는 최근에 볼 수 없었던 일이다. 각 사회사업이 한층 발전하였으며, 사회가 안정적으로 유지되었다. 이 모든 사실에 비추어 볼 때 중앙정부의 거시경제 조절정책이 매우 필요한 시기에 적시에 이루어졌고, 지도 방침과 정책 조치가 매우 효과적이었음을 알 수 있다."라고 평가하였다.

다만, "경제 운용의 모순과 문제점이 아직 근본적으로 해결되지 못했고, 고정자산의 투자 규모가 여전히 지나치게 크며, 투자 구조가 불합리적이고, 석탄, 전력, 석유, 운송 능력의 부족 현상이 효과적으로 해결되지 못했다."는 의견도 제기되었던 것으로 알려졌다.

최근 중국의 국무회의에서 의결된 중국의 향후 중점 추진 정책은 다음과 같다.

1) 농업, 특히 식량 생산을 강화하고, 농민의 소득 증대 및 부채 축소를 촉진하는 각종 정책을 시행하며, 식량 유통 체제의 개혁과 농촌 세수제도 개혁을 추진한다. 홍수 예방 및 재해 구제사업을 철저히 시행한다.

2) 은행의 대출사업을 효과적으로 시행하고, 대출액을 합리적으로 통제하며, 대출 구조를 특화하고, 시장 점유율과 효율성을 갖고 있으면서 고용 확대가 가능한 기업에게 적시에 유동자금 대출을 제공하며, 국가산업 정책과 시장 진입 조건에 부합하는 프로젝트 구축을 지원한다.

3) 경제, 사회 발전에서 소외된 부분에 대한 지원을 한층 확대한다. 서부대개발과 동북 지역 진흥 정책 등을 성실히 이행한다.

4) 고정자산 투자 프로젝트 정리사업을 가속화하고, 후속사업을 효과적으로 시행한다. 국가산업 정책을 체계화하며, 발전제한산업과 장려산업을 보다 명확히 하고, 조속한 시일 내에 시장 진입 표준과 구체

적인 시행 방법을 제정, 발표하여 시장 주체의 행위를 유도한다.

　5) 토지시장 정리사업을 철저히 시행하고, 국무원이 허용한 중점 긴급 프로젝트 건설 용지 정책을 시행하며, 토지 관리와 관련한 새로운 제도를 구축한다.

　6) 석탄, 전력, 석유, 운송 능력 제고사업을 적극 시행하며, 이들 사업의 공급 부족 상황을 해결하고, 안전 생산을 강화한다.

　7) 소비를 유도하고 확대한다. 취업 및 사회보장사업을 한층 효과적으로 시행한다. 농민 노동자의 체불임금 문제를 해결한다.

　8) 대외 개방을 확대하고, 수출입사업 및 외자유치사업을 효과적으로 시행한다.

　9) 경제 체제의 개혁을 강화한다. 투자 제도의 개혁 방안을 조속한 시일 내에 마련하며, 국영기업의 개혁을 추진하고, 비공유제 경제 발전을 장려하고 지원하는 정책적 조치를 연구함과 아울러 마련한다. 시장 질서를 체계화하고, 식품 안전과 관련한 정리사업을 전개한다.

　10) 대중의 이익과 관련된 문제를 중시하며, 특히 토지 점용과 도시 내 이사와 관련한 문제점을 중시하여 사회 안정을 유지한다.

　국무원은 국무회의를 개최하기 전에 성, 자치구, 직할시의 정부 책임자, 경제학자, 민주당파 경제 전문가, 국영기업, 집체기업(지방의 작은 행정기관에서 경영하는 기업), 비공유제 기업(국영기업의 소유권은 전 국민에게 있다는 개념에서 공유제 기업이라 하고, 개혁개방 이후 개인이 설립한 기업은 투자한 개인에 경영권과 소유권이 있어 이를 비공유제 기업이라 한다)의 책임자 등과 함께 경제 좌담회를 개최하여 각 부문의 의견을 상당히 귀담아들은 것으로 알려지고 있다.

과잉 성장을 경계하고 균형 발전을 꾀하기 위한 각계 전문가들의
의견을 바로 국무회의에 반영시키고 있다. 13억 인구와 광활한 국토
를 가진 다민족 국가가 일사불란하게 경영되고 있음은 참으로 놀라운
일이다. 중국은 다양성과 더불어 통일성을 이루어내는 역동적인 역량
을 보유하고 있다. 이러한 역량이 경제 성장의 원동력이 되고 있다.

| 성장의 지속성 |

중국은 덩샤오핑(鄧小平)에 의하여 개혁개방 정책을 시행한 지 이
제 25년이 되었다. 1978년 개방 이후 연평균 9.5퍼센트씩 성장하였
다. 과거 일본과 한국을 능가하는 것이다. 사회주의 체제의 중국이 이
처럼 단기간에 놀라운 성장을 이룩하였다는 것은 기적에 가까운 일이
다. 광활한 대지와 엄청난 인구, 그리고 56개의 소수민족 내부의 정치
적 문제를 극복하고 거침없는 발전을 지속해 오고 있다.

2003년, 전 세계를 두려움에 떨게 했던 사스 사태에도 중국은 9.1
퍼센트의 성장을 하였다. 최근에는 성장의 속도를 늦추어야 한다는 경
계의 목소리가 흘러나오고 있을 만큼 중국은 성장의 강력한 동력을 갖
고 있다. 제조업의 호황으로 어디를 가더라도 전력난을 겪고 있을 정
도로 비약적인 발전을 거듭하면서 세계 경제 무대에서 부상하고 있다.

중국의 명목상 GDP는 세계 6위이다. 그러나 실질 구매력 기준으
로는 이미 미국에 이어 세계 2위에 랭크되고 있다. 개방 도시를 중심

으로 현대적 도시들이 우후죽순처럼 생겨나 세계 어디에 내놓아도 손색이 없는 도시가 수십 개를 넘는다. 주민들의 생활수준도 나날이 나아져 이제 웬만한 중산층 가정은 아파트와 자가용을 소유하고 있다. 고급 외제 승용차와 별장을 소유하고 골프를 치는 부류가 급속하게 증가하고 있으며, 고급 레스토랑에서 한 끼에 수십만 원에 달하는 음식을 아무렇지도 않게 소비한다.

또한, 2003년 공업 생산액이 4,000억 달러를 돌파하였다. 이는 전년대비 17퍼센트를 넘어서는 실적이다. 중국의 성장에 대한 질적인 내용을 살펴보면 놀라움을 금할 수 없다.

즉, 성장으로 인한 파급 효과가 경제 전반으로 파급되는 호순환(好循環) 구조이다. 공업 생산과 물류 발전에 기본이 되는 SOC의 투자와 성장이 단연 돋보인다. 철강, 자동차, 건설, 기계, 시멘트, 항만, 도로, 해운, 전자산업, 정보통신산업 등 경제 발전의 골간이 되는 분야의 성장이 뚜렷하여 엄청난 파급 효과를 누릴 수 있다는 점도 최근 중국 경제 발전의 특징이다. 중국의 성장이 지속 가능성이 높은 부문을 중심으로 배치되어 있다는 것은 향후 상당 기간 성장이 멈추지 않는다는 것을 의미한다.

그리고 공업기업의 순이익이 2003년 1,000억 달러를 넘어섰다. 이것은 기업들이 종래의 양적인 성장에서 질적인 성장으로 방향이 전환되었음을 의미한다. 수익성의 급격한 호조는 기업 내부의 끊임없는 구조조정의 결과이며, 내실을 강화한 정책의 성공을 보여주는 것이다. 중국이 수익성이 뒷받침되는 성장을 실현하고 있다는 것은 두 마리 토끼를 다 잡고 있는 격이다.

중국은 공산사회주의 국가이다. 경제 주체는 대부분 국영으로 운영되어 왔다. 그러나 개혁개방 이후 해외로부터의 엄청난 직접투자가 이루어지고 WTO에 가입함으로써 국제적인 룰에 의한 경제 운영이 불가피하게 되었다. 자본주의의 강한 경쟁 원리가 중국 경제 내부에 이미 정착 단계에 있다.

중국 정부는 과거의 통제와 계획경제적인 사고로는 경제 발전을 이룰 수 없다는 것을 인식하고 적극적인 지원 정책을 펴게 된 것이다. 개인기업의 발전을 지원하고 장려하는 법적 제도적 장치를 마련하여 민간에 의한 경제 발전 동력을 확고히 하고 있다.

최근 국무원이 주관하여 개최한 비공유제 경제 발전 촉진 좌담회에서 국무원 총리 원자바오는 비공유제 기업의 역할에 대한 중요한 견해를 밝혔다. "중국의 개인, 사영(私營) 등 비공유제 경제는 사회주의 시장경제의 중요한 구성 요소이자 사회 생산성 발전을 촉진하는 중요한 역량으로서 경제 성장, 고용 확대, 시장 활성화, 재정 수입 확대 등에 있어서 중요한 역할을 한다."고 하였다.

중앙정치국 위원이자 국무원 부총리인 청페이옌(曾培炎)도 "각 지역 비공유제 경제 발전의 노하우를 종합하여 이들을 지원하는 정책 조치를 연구하고 제정할 것이며, 관련 법률과 법규를 체계화할 것이다. 비공유제 경제의 장애가 되는 문제점을 해결하여 발전을 촉진할 것이다."라고 강조하였다.

좌담회에서 청페이옌 부총리는 "개혁개방 이래 공유제를 중심으로 각종 소유제 경제를 발전시키는 기본 제도가 부단히 체계화되었고, 발전 환경이 개선되었고, 비공유제 경제가 빠르게 발전함으로써 사회주의 시장경제의 중요한 구성 부분으로 자리 잡았다. 그러나 아직도 비공유제 경제 발전을 제약하는 정책성 장애가 여전히 존재하고 있다. 관련 법률과 법규가 체계적이지 못하며, 정부의 관리 서비스가 구축되어 있지 않다."고 밝혔다.

이어서 "비공유제 경제의 중요성을 충분히 인식하고 있으며, 공유제를 중심으로 비공유제의 발전을 촉진할 것이고, 사회주의의 현대화 과정에서 각종 소유제 경제가 시장 경쟁 중 우위를 발휘하도록 하여 공동 발전하도록 할 것이다."라고 밝혔다.

"현재 중국 경제는 총체적으로 양호한 성장세를 유지하고 있다. 중앙정부의 거시경제 조절정책이 시행되어 성과를 거두고 있으며, 비공유제 경제를 위한 양호한 환경이 조성되고 있다. 그러나 성과가 아직은 미흡한 상태이다. 각 지방 부처는 중앙정부의 거시경제 조절정책에 초점을 맞춤으로써 순조로운 시행을 보장해야 한다."고 지적하였다.

이러한 비공유제 기업에 대한 전략적 지원정책은 중국 경제 구조의 근본적인 체질 강화 조치로 해석할 수 있다. 국영기업은 국영기업대로 중국 경제의 버팀목 역할을 수행하게 하고, 민간의 비공유제 기업을 장려하는 정책을 시행함으로써 많은 수의 민간기업 창업을 유도하려는 복안이 깔려 있는 것이다.

중화권 국가들인 싱가포르, 홍콩, 타이완 등을 유심히 살펴보면 가족 중심적인 개인기업들이 상당한 역량을 확보하고 경제의 저변을 떠받치고 있음을 알 수 있다.

중국의 경우 광동성(廣東省), 복건성(福建省), 절강성(浙江省), 강소성(江蘇省)을 중심으로 가족기업의 창업이 급속도로 증가하고 있다. 가족기업이야말로 중국인의 정서에 딱 들어맞는 기업 형태이다. 국가로부터 다양한 보호와 지원을 받는다면 가공할 역량을 발휘할 수 있는 기업 형태가 비공유제 기업들이다.

중국의 즐거운 비명

고속 성장으로 인한 부작용이 나타날 조짐을 보이자 중국의 원자바오 총리는 지난 4월 28일 영국 로이터 통신과의 인터뷰에서 중국 경제의 과열에 대한 진정책을 실시하겠다고 밝혔다. 그리고 그 후속 조치가 최근 실시되고 있다.

중국은 향후 10년간 연평균 7퍼센트 정도의 안정적인 성장을 추구하겠다고 밝히고 있다. 중국은 미국으로부터 최근까지 위안화 절상 압력을 받아 왔다. 그 영향으로 환차익을 노린 화교 자본과 홍콩, 타이완으로부터 엄청난 핫머니가 대륙으로 들어와 있다. 그리고 물밀듯이 들어오는 해외직접투자(FDI) 자금은 중국 경기를 과열시키는 주범이 되고 있다.

필자는 중국의 이번 조치가 경기 과열에 대한 적절한 조치라고 본다. 연 7퍼센트 성장이라는 중국 경제의 올해 성장 목표를 달성하는 데 별 지장을 주지 않는 범위 내에서 시행될 것으로 전망된다.

중국 경제의 불안의 핵심은

1) 국영기업의 부실 금융
2) 비교적 최근에 나타난 은행 대출을 바탕으로 하는 부동산 개발과 건설 관련업종의 무분별한 투자와 투기 및 자동차 산업에 대한 경쟁적 과잉 투자
3) 원부자재 가격의 불안정
4) 전력난 및 SOC 부족
5) WTO 가입의 충격
6) 빈부와 지역 격차, 그리고 부패 문제
7) 중앙정부의 지방정부에 대한 통제력 약화

등을 들 수 있다. 각 문제점들을 살펴보면,

1) 국영기업에 대한 금융 부실은 중국 경제의 뇌관이라고 불린다. 국영기업의 부실은 오랫동안 누적되어 온 것으로, 주룽지(朱鎔基) 전 총리가 이를 해결하기 위하여 몇 번의 시도를 하였으나 결국 이루지 못한 중국 경제의 가장 큰 문제점이다.

2008년 올림픽과 2010년 EXPO까지는 이 문제를 터트리지 않을 것으로 전문가들은 예측하고 있다. 이번 경기 과열 진정책을 유심히 살펴보면 이전의 부실에 대한 회수가 아니라 신규여신의 중단과 금지 업종에 대한 조정이므로 이 조치로 이전의 부실은 건드리지 않을 것으로 보인다.

2) 은행 대출을 바탕으로 하는 부동산 개발 문제는 비교적 최근에 생겨난 일이다. 상하이 푸둥 지구의 화려한 고층 건물 이면에는 사무실의 절반이 비어 있다는 문제점이 중국 정책 입안자들의 머리를 무겁게 하고 있다. 적지 않은 홍콩 등 화교 자본들이 들어와 개발자 역할을 담당하였는데, 이번 금융 긴축 정책으로 직격탄을 맞게 될 것이 확실하다.

이번 조치의 맹목적 투자란 바로 부동산과 건설 관련 산업에 대한 투자를 지칭한다고 해도 틀린 말이 아니다. 자동차 산업에 대한 무분별한 경쟁적 투자에 대한 통제도 이 범주에 포함되지만, 이번 조치의 핵심은 부동산 경기의 과열을 식히는 것이다.

3) 해외직접투자(FDI)의 증가로 이제 중국은 세계의 공장으로 불리고 있다. 세계 경제의 회복에 따라 원자재의 수요가 증가되자 사재기 등이 성행하게 되고 그 여파로 원자재의 가격 상승은 원자재 파동을 불러 왔다. 이 파동은 원가 상승으로 이어지고 경쟁력 상실을 초래하는 원인이 되고 있다. 핫머니들의 원자재에 대한 투기를 막는 것도 이번 정책의 시행 목적 중 하나로 보인다.

4) 중국의 지방을 가보면 전력난은 심각한 수준이다. '4天有電,3天沒電'이란 말이 있는데, 이는 7일 중에 4일은 전기가 들어오고 3일은 단전되는 중국의 심각한 전력난을 일컫는 말이다.

물류비의 증가는 해마다 두 자리 단위로 뛰어오르고 있다. 이번의 신규대출 중단 발표에서 전력 산업에 대한 대출을 장려하고 있는 것만 보아도 중국 정부의 정책을 읽어 낼 수 있다. 신규대출이나 투자를 SOC에 대한 투자로 유도하려는 계산이 깔려 있는 것이다.

5) 중국의 웬만한 지방정부는 한 나라의 국력에 버금가는 경제력을 보유하고 있다. 이전과 달리 중앙정부의 간섭이 잘 먹혀들지 않고 있다. 중앙의 정책이 지방까지 내려가는 과정에서 왜곡되기 일쑤다. 특히, 지방정부의 무분별한 개발구 설치와 외자유치 정책으로 국토의 균형적인 발전과 투자 업종에 대한 통제가 점점 어려워지고 있다. 중복 투자와 과잉 투자에 대한 후유증은 바로 은행 부실로 이어진다. 예전과 달리 지방정부의 관리들이 중앙정부의 지시를 이행하지 않는 경우가 상당히 발생하고 있다.

6) 중국은 WTO 가입으로 글로벌 스탠더드로 가지 않을 수 없다. 이 과정에서 중국 기업들은 구조조정을 하지 않을 수 없었고 그 때문에 실업자는 수천만 명에 달한다.

특히, 도시와 농촌 간의 빈부 격차와 지역적인 불균형은 사회 불안의 요소가 되고 있다. 중국은 이제 계획경제의 영향권 안에 있다고 보기 어려운 경제 구조로 변해 있다. 이미 자본주의의 시장경제 원리가 지배하고 있다.

중앙정부의 올해 경제 성장 목표가 7퍼센트인 점을 감안하고 저성장으로 인한 실업 등이 사회에 미칠 영향을 감안한다면 인위적으로 강력한 긴축 정책을 펴기는 어려울 것으로 보인다. 다만 부동산에 대한 과잉 투자와 투기 억제, 지방정부를 통제하는 하나의 수단으로 자동차 등 국책사업에 대한 중복 투자로 인한 국가적 손실의 방지, 전력난 해소 등 SOC에 대한 투자 유도, 핫머니의 근절 등의 목적으로 경기 과열 진정책을 활용할 것으로 보인다.

경기 과열을 주도하는 건설, 자동차, 시멘트, 부동산업종은 당분간 투자를 억제하는 방향으로 나갈 가능성이 상당히 높다. 중국 정부는 직접 규제보다 은행을 통한 간접 통제 방식을 채택한 것으로 보인다. 즉, 과열 업종에 대한 대출 중단, 불량자산 통제, 과다 대출 기업의 관리 강화, 대손충당금 및 BIS 기준 준수, 은행 내부 통제 강화, 대출 리스트 책임 관리제 시행 등이다.

중국 정부는 경제의 균형 발전을 위하여 농업 및 3차 산업 활성화를 위한 다양한 정책을 개발하고 있다. 특히, '서부대개발' 이라 명명된 서부 지역의 개발에 엄청난 투자를 집행하고 있다. 서부 지역의 자원을 개발하여 이미 산업화된 동부 지역과 연결함으로써 시너지 효과를 낸다는 복안이다. 지역 간의 균형 발전은 사회 안전망 확보라는 정치적인 측면에서도 상당히 중요하다.

중앙정부는 지방 도시를 중심으로 무분별하게 개발되고 있는 경제 개발구의 난개발을 억제하여 계획적이고 중앙 통제적인 정책을 추진한다는 목표를 가지고 있다. 이는 다분히 중앙정부의 통제력을 강화하여 지방 보호주의와 지방 호족화되어 가고 있는 지방정부를 견제하려는 의도가 깔려 있다.

일시적인 경제 진정책은 새로운 발전을 위한 숨고르기이다. 과잉 투자의 후유증을 사전에 차단하고 투자 역량을 국토의 균형 발전에 돌리려는 중앙정부의 전략적 사고가 작동하는 한 중국의 발전은 지속되고 질적으로는 양질의 성장이 계속될 것으로 보인다.

세계의 공장에서
세계의 시장으로

| 압축 성장하는 중국 |

　중국의 인구는 13억 명이다. 세계 제일의 인구이다. 그러나 그중 10억 명은 아직 구매력을 가지지 못한 숫자에 불과하다. 휴대폰을 소지한 약 3억 명만이 중국 내수시장 마케팅 전문가들이 관심을 가지는 인구이다. 물론 소득이 빠르게 높아져 가고 있어 머지않아 인구의 절반이 구매력을 가진 인구로 편입될 것이 확실하지만 말이다.

　덩샤오핑의 유명한 "흰 고양이든 검은 고양이든 쥐만 잘 잡으면 좋은 고양이다."라는 말은 사회주의 체제인 중국에 자본주의 시장경제의 도입을 선포하는 신호탄이었다. 이러한 실사구시는 자본주의 경제체제가 눈부신 속도로 확산되는 기폭제가 되었다.

　지난 20년간 제조업을 바탕으로 기반을 닦은 도시 지역 사람들은 수십 년 동안 찌든 가난을 해결하였다. 이러한 경제 성장은 소득의 상승으로 이어지면서 소비 형태의 변화를 유발하였다.

　2004년에도 특별한 변수가 없는 한 견실한 성장세를 지속할 것으로 예상된다. 소비자물가 또한 2001년 9월 이후 하락세를 보여 디플레이션 우려가 있었으나 지난 해 0.6퍼센트 상승에 이어 2004년에는 1퍼센트 내외에서 역시 안정세를 보일 전망이다.

　1인당 GDP 수준은 비록 1,000달러를 겨우 넘겼다고 하지만 구매력 기준으로 보면 4,000달러에 이르는 것으로 평가되고 있다. 현재 중국은 신정부 출범과 더불어 샤오캉(小康: 문화생활을 즐길 수 있는 수준) 사회 건설의 비전을 제시하며 '선 성장 후 분배' 의 고속 성장 지속, 사유 재산 보호의 제도화, WTO 체제의 정비 및 시장 개방 확대, 위안화 변동환율제의 최대한 유보, 동남아시아 등 주변국과의 FTA 추진 등 야심 찬 정책을 기조로 쉬지 않고 달려가고 있다.

| 치열한 경쟁과 신소비층의 등장 |

　중국 기업의 경쟁력 강화와 외자기업 유입 확대로 중국 내수시장의 경쟁은 더욱 치열해져 전 세계의 프로들이 싸우는 전쟁터가 되었다. 2008년 베이징 올림픽과 2010년 상하이 엑스포, 서부대개발, 동북 노후 공업기지 재건 등 강력한 국책사업과 대대적인 SOC 확충 사업, 개발구를 통한 도시 재건설 등 설비 투자가 지속적으로 증가하고 있다.

　중국은 1.3퍼센트의 인구가 자본의 32퍼센트를 소유하고, 8.7퍼센트의 소득층이 26퍼센트의 자본을 소유하고, 20퍼센트의 소득층이 42.5퍼센트의 자본을 소유하고 있다. 이렇듯 20퍼센트의 신흥 부자들이 80퍼센트의 사회 소비 지배권을 가지고 있다. 중국 시장의 소비 핵심 주체는 바오파후(暴發戶: 신흥 부자)들이다. 저렴한 제품보다는 비싸더라도 자기가 원하는 제품을 찾기 시작하였다.

지금 중국은 이들 신흥 부자들로 인해 자동차, 의류, 전자제품, 화장품 등 각종 유명 고가 브랜드 상품들의 매출이 매년 큰 폭으로 증가하고 있다. 중국 정부는 10년 안에 약 5억 명의 중산층(주택 및 자가용을 보유하고 여행이나 대학 교육을 받는 데 지장이 없을 정도의 소득을 가진 계층)을 양산한다는 야심 찬 계획을 세워놓고 있다

중국의 내수시장은 지역 간 계층 간 격차가 상당히 크다. 1인당 소득 수준과 소비 수준은 개혁개방의 덕을 먼저 본 동부 연안의 도시 지역과 서부 지역이 엄청난 차이가 난다. 이러한 동부 연안 지역과 중서부 지역의 격차는 더욱 벌어질 전망이다.

지난 5년간 중국은 평균 소비 증가율이 9.3퍼센트에 이르는 등 세계의 주요 시장으로 부상하고 있다. 이동전화 가입자 수 세계 1위, PC 보유량 세계 2위, 자동차 연간 판매 대수 세계 4위가 중국의 시장 규모를 대변하고 있다. 그러나 이들 품목은 아직도 보급률이 상당히 낮아서 향후 성장 잠재력은 가히 폭발적이라 할 만하다.

중국인들의 소득 향상으로 인한 생활수준의 수직 상승은 과거의 의식주 해결에 집중하던 관념을 무너뜨리고 고가 브랜드 상품을 찾는 소비 심리의 변화를 가져왔다. 이러한 소비 계층의 수요 변화에 따라 공급도 함께 변화하고 있다. 즉, 저가 시장에서 급격히 고가 브랜드

시장으로 변화하고 있는 것이다.

물론 아직도 저가 시장이 작은 것은 아니지만, 외자기업이나 외국기업은 관심 밖으로 돌려도 별 무리가 없다. 저가 시장은 현지 제조업체들이 만드는 제품이 충분히 커버하고 있기 때문이다. 웬만한 중국 현지기업도 이제 저가 시장은 안중에도 없다. 저가 시장에서 고가 시장으로 변화하는 속도가 매우 빠르기 때문에 저가 시장에서 기업의 이익을 발견하기란 쉽지 않다. 중국 현지기업들은 저가 브랜드라는 이미지 타파를 위해 상품의 질을 높이고 자사 브랜드를 알리기 위해 광고를 강화하는 등 경영 전략 자체를 바꾸고 있다.

즉, 중국 현지기업들은 이제 국제시장뿐만 아니라 내수시장에서도 양질의 상품을 바탕으로 한 브랜드 전략 수립이 불가피한 상황인 것이다. 기업의 브랜드 전략이 중국 경제에 많은 이익을 가져온 반면 기업과 소비문화에 끼치는 악영향 역시 적지 않다. 요즘 상당수의 소비자들이 메이커 병에 걸려 질 좋은 상품을 구매하기보다는 광고를 많이 하는 기업의 제품을 선호하는 풍조가 만연하고 있다.

전체 인구의 40퍼센트인 도시 인구가 소비의 65퍼센트를 차지하고 있다. 도시 인구가 소비 시장을 견인하고 있는 것이다. 또한, 소비 시장의 중심축인 중산층이 지속적으로 증가하고 있다는 것도 중국 경제의 최대 자랑거리이다. 이미 중대형 도시의 26퍼센트에 달하는 인구가 중산층의 생활수준을 즐기고 있다. 광동성과 홍콩 주변의 주장강(珠江) 삼각주, 상하이를 중심으로 양쯔강을 따라 새로이 건설되고 있는 양쯔강(長江) 삼각주는 중국 소비의 양대 축으로 부상하고 있다.

연구 보고에 의하면, 2010년경에는 중국 GDP에서 소비가 차지하는 비중이 63퍼센트, 2020년에는 71퍼센트에 달할 것으로 예측하고 있다. 올해에도 부동산, 자동차, 헬스 및 의약, 교육, 관광, 통신, 컨설팅, 금융 서비스 등의 산업이 중산층 소비자를 중심으로 크게 성장하고 있다. 2005년은 중국이 WTO에 가입한 지 4년째 되는 해로, 당초 개방 일정에 따라 내수시장은 보다 광범위하게 개방될 것으로 보인다.

| 범람하는 중국의 모조품 시장 |

얼마 전 베이징의 훙치아오시장(虹橋市場) 내 모조품 전문 점포들이 며칠간 일제히 문을 닫았다. 정부의 대대적인 단속이 있었기 때문이다. 하지만 그것도 잠시, 지금도 여전히 훙치아오시장에서는 각종 가짜 명품들을 버젓이 팔고 있다. 중국의 모조품 생산과 판매의 근절은 한국의 경험과 같이 쉽지 않을 것으로 보인다.

중국에서는 잘 팔리는 물건이 있으면 눈 깜짝할 사이에 모조품이 큰 길, 작은 골목 시장에 나타나 여기저기에 널린다. 홍콩과 광동성 일대가 포조품의 생산과 유통의 중심 지역이다. 특히, 광동성 일대는 전 세계의 명품들을 진짜와 구별할 수 없을 만큼 정교하게 만들어내는 기술을 갖고 있다.

중국 대도시의 모조품을 취급하는 상점에서는 프라다 핸드백을 우리 돈 만 원, 펜디 손지갑을 5천 원, 롤렉스시계를 1~2만 원, 몽블랑 만년필을 천 원에 구할 수 있다. 닥스, 울시 등 골프용 티셔츠도 만 원 이하에, 켈러웨이와 혼마 골프백도 5만 원 이하에 진품과 구별하기 어려운 것으로 구할 수 있다. 한국 가수들의 최신 CD, 한국담배인삼공사의 홍삼, 한국산 휴대폰, 고급 양주, 고급 담배 등 세계적으로 유명한 한국의 유명 브랜드 제품의 모조품들이 버젓이 거래되고 있다.

중국의 양주 시장의 66퍼센트, 유명 담배 시장의 50퍼센트를 가짜가 차지하고 있을 정도이다. 1998년에는 산서성(山西省)의 리아오청(朔城)에서 가짜 술을 먹고 한꺼번에 27명이 목숨을 잃은 일도 있었다. 가짜 저질 제품은 중국의 유명 브랜드 시장에 심각한 영향을 주어 시장 점유율이 급격히 떨어져 철수하는 업체가 생겨나는 등 심각한 영향을 미치고 있다. 이러한 제품은 세금도 납부하지 않기 때문에 이로 인한 세수 손실도 막대하다.

모조품을 취급하는 시장으로 홍콩의 몽콕 통차이지에(旺角 通採街), 광동성 선전(深川)의 루어후상이에청(羅湖商業城), 베이징의 홍치아오 시장(虹橋市場) 등이 유명하다. 해를 거듭할수록 모조품의 질이 향상되고 있으며 취급 상점의 수도 늘어나는 추세이다.

필자도 중국 베이징에 거주하면서 많은 한국 손님들에게 가짜 명품을 선물한 경험이 있다. 중국을 방문하는 대다수의 한국인들은 명품을 파는 모조품 시장으로 안내해 주기를 은근히 바란다. 진품만 취급하는 가게도 많으나 믿지 못하는 눈치다. 나는 가짜 몽블랑 만년필 세트와 프라다 핸드백 그리고 골프백을 한국 손님에게 선물한 적이 있다. 미리 가짜임을 알리고 선물하여도 모두 만족해한다. 얼마 후 품질에 대하여 물어보면 대체로 만족하고 있는 것으로 봐서 중국의 모조품 생산 기술은 이미 상당한 경쟁력을 갖춘 것으로 보인다.

모조품이 범람하는 현상의 이면에는 중국 내부의 복잡한 사정이 깔려 있다. 워낙 모조품 시장의 규모가 커서 만약 일시에 소탕하면 지역 경제에 심각한 영향을 미칠 뿐만 아니라 업주들의 극심한 반발을 살 우려가 있어 형식적인 단속에 그친다. 처벌도 느슨하여 판매액이 총 5만 위안(약 800만 원) 이상이어야 법적으로 처벌이 가능하다. 벌금으로는 판매액의 50퍼센트 이상 200퍼센트 이하로 제한되어 있다. 모조품 판매업자로부터 압수하는 물건은 대부분 5만 위안을 초과하지 않아 사실상 처벌하기가 어려운 실정이다.

또한, 중국 지방정부의 지방 보호주의에다 감독기관과 각종 이익단체가 결탁하여 모조품 제조업자와 판매상의 처벌을 저지한다. 공안국과 같은 권력 기관에서는 인명 사고가 아니므로 중시하지 않으며, 공상국(工商局: 상업과 공업을 관장하는 기관, 공상행정관리국)은 사법권이 없어 단속이 어려운 실정이다. 모조품 제조업자를 잡아도 빈털터리이거나, 지역의 유력한 유지나 권력기관에 배경이 있는 자들이 대부분이다. 그들을 상대로 법에 호소하더라도 재판에 오랜 시간이 걸리고 승소하여도 손해배상을 청구할 때쯤이면 모든 재산을 이미 다 빼돌린 경우가 대부분이라 실익이 없다.

다만, 중국 정부는 WTO 가입과 함께 주기적으로 대대적인 단속과 모조품 퇴치에 상당한 신경을 쓰기 시작하였다. 중국인들의 의식 수준 향상과 관련 기관들의 효율적인 모조품 퇴출 정책의 실천을 기대해 본다.

위협적인 경쟁자 중국

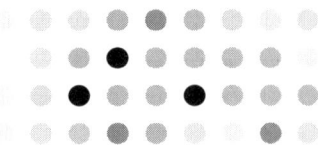

| 중국의 급격한 부상 |

미국의 저명한 중국학자 루시언 파이는 "인류 역사상 덩샤오핑 치하의 중국처럼 전쟁이나 폭력적 혁명 또는 경제적 몰락을 겪지 않고도 철저하고 완벽하게 변화한 나라는 없다."며 그의 개혁을 '심원한 혁명'이라고 규정하였다. 역시 같은 미국의 중국학자 해리 하딩도 덩샤오핑의 개혁을 '제2의 혁명'이라고 불렀다. 이 같은 서방 세계의 찬사에 부끄럽지 않은 성과를 거두면서 중국은 세계무대에서 부상하고 있다.

1992년 수교 이후, 한국과 중국의 교역 규모는 급속히 늘어나 이제 양국 산업의 보완 관계는 점점 커지는 추세이다. 그러나 중국에 대한 의존도가 나날이 심화되어 가고 있다는 점은 우리에게 위협이라고 보지 않을 수 없다. 상호 보완 관계에서 경쟁의 관계로 진전되는 분야가 갈수록 늘어나고 있는 것이다.

2006년도에는 교역 규모가 1,000억 달러를 돌파할 전망이며, 2011년에는 2,000억 달러를 넘어서면서 수입과 수출이 균형을 이룰 것으로 전망하고 있다. 2011년을 기점으로 우리가 중국으로부터 수입하는 규모가 수출보다 많아질 것이라고 하니 우리의 앞날이 밝지만은 않다.

중국이 생산량에서 세계 제1위 품목을 살펴보면 다음과 같다.

전화기 (75%), VCD(70%), 랙트(83%), 시멘트(37%), 컨테이너(83%), 철강(15%), 에어컨(44%), 세탁기(24%), 냉장고(21%), 모니터(45%), DVD(45%), C-TV(27%) 등이다. 그 밖에 세계 1위에 근접하는 품목으로는 단말기, 반도체, 노트북 등 정보통신 및 IT 분야로 급속히 확대되고 있는 추세이다.

그리고 국제 수출 시장에서 시장 점유율 1위인 제품의 숫자도 우리가 69개 품목 세계 14위인데 비하여 중국은 미국(954개 품목)에 이어 세계 2위(753개 품목)를 달리고 있다. 일본의 318개와 비교해도 월등히 앞서 있다.

저임금을 바탕으로 세계의 공장으로 부상한 중국이 이제 핵심 기술의 보유를 통해 기술력으로 세계를 장악하려는 의지를 읽을 수 있다. 불과 얼마 전까지만 하여도 우리는 중국을 그렇게 위협적인 존재로 인식하지 않았다.

그러나 중국이 작년 유인 우주선 발사에 성공하고 무사귀환하자 세계는 중국의 역량을 인정하기 시작하였다. 중국의 이러한 계획은 이미 수십 년 전부터 계획되어 차근차근 준비해 온 것이다. 우주를 상대로 준비한다는 것은 하루아침에 이루어지는 일이 아닐 뿐더러 최고의 기술을 확보하고 있지 않으면 불가능한 일이다.

얼마 전까지만 하여도 중국을 방문하는 대부분의 한국인들은 다소 세련되지 못한 그들의 태도와 겉치레에 무관심한 중국인을 보고는 우리보다 10년, 20년이 뒤졌느니 하면서 무시하는 태도를 가졌다. 그러나 이제 국제 경쟁력에서 중국은 이미 우리를 능가하였을 뿐만 아니라, 중국인들의 안중에는 아예 우리를 경쟁 상대자로조차 인정하지 않고 있다는 사실을 우리만 모르고 있는 것 같아 안타깝다.

장기 전략으로 한국을 추월하는 중국의 역량

중국은 반도체, 자동차, 생명과학, 신약 개발, 자기부상열차, 과학 낙농업, 절수형 농업, 전자금융, 식품 안전, 농산물 가공, 수질오염 방지산업, 기술 표준 등 12개 분야에서 핵심 기술을 보유하여 세계를 중국의 손안에 넣겠다는 야심 찬 계획을 세우고 있다.

그리고 공업 분야 중에서 첨단 제품 비율을 2005년까지 현재의 15퍼센트에서 25퍼센트까지 끌어올리는 것을 목표로 삼고 있다. 특히, 반도체 분야는 차세대 전략 산업으로 지정, 2010년까지 50개의 생산라인을 건설한다는 계획을 세워놓고 암암리에 추진하고 있다. 반도체는 우리의 핵심 산업 중의 하나인데 중국의 이러한 계획이 성공할 경우, 우리는 심각한 타격을 입을 수밖에 없다. 이는 중국이 제조공장이라는 단순한 역할에서 규모의 경제에 의한 'Price Setter(가격 결정자)'

로 그 역할이 바뀐다는 것을 의미한다.

중국의 경쟁력 향상에 따라 한국의 경쟁우위 산업 분야가 급속도로 줄어들고 있다. 글로벌 경쟁에서 우리와 힘겨루기를 하는 분야와 향후 치열한 경쟁이 예상되는 분야를 살펴보면 다음과 같다.

1) 이미 중국이 우리를 추월한 분야: 백색가전 분야(중국 1위, 한국 5위), 신발(중국 1위), 섬유와 의류 및 직물 분야(중국 1위).
2) 2~3년 내에 직접 경쟁에 직면할 것으로 보이는 분야: LCD 패널 등 핵심부품 산업, 디지털 가전, 철강, 첨단 공작기계, 합섬, 정보통신 산업.
3) 5년 내에 경쟁력이 대등할 것으로 보이는 분야: 석유화학, 조선, 자동차 산업.

철강 분야에서 세계 최고의 원가 경쟁력을 가진 한국의 대표적인 기업인 포스코(POSCO)의 경우만 보더라도 포철이 연간 2,800만 톤인 데 비하여 중국은 2.3억 톤이다. 게다가 중국은 매년 3,800만 톤씩 늘어나고 있다.

반도체의 경우 당분간 우리가 앞설 것으로 전망되지만 경쟁력 우위 기간이 얼마나 갈지는 아무도 모른다. 대부분의 주력산업 분야에서 중국과 경쟁 관계인 점을 생각하면 소름이 끼칠 정도이다.

그러나 우리 경제는 중국에 상당히 의존하고 있으며 이미 중국 경제의 영향력 하에 놓여 있다. 중국이 기침만 하여도 감기에 걸리는 것이다.

한국의 기업들은 대기업뿐만 아니라 중소기업조차도 이제 중국에 공장 하나 가지고 있지 않은 기업이 없을 정도로 많이 진출해 있다. 이미 국내 제조업은 공동화 현상을 겪고 있다. 가족형 중소기업이 많기로 유명한 타이완도 대부분의 기업들이 대륙으로 공장을 옮기는 바람에 산업 공동화 현상이 심각하여 엄청난 골머리를 앓고 있다.

중국은 엄청난 내수시장을 가지고 있어 규모의 경제에서 한국과는 비교가 되지 않는다. 중국 제품이 급속히 우리 국내 시장을 점령하고 있는 현실을 보아도 금방 알 수 있는 일이다. 중국은 마늘 파동에서 보여준 것과 같이 마음만 먹으면 무역 마찰을 일으킬 수 있는 헤게모니를 쥐고 있다. 대중국 의존도를 줄이려고 하여도 쉬운 일이 아니다. 게다가 후발 개도국의 추격은 우리의 입지를 더욱 좁게 만든다.

| 경영자적 자질을 가진 중국 공무원 |

중국은 정치적 안정을 기반으로 하여 외자유치에 전력을 다하고 있다. 한국의 공무원들은 외자유치에 대한 개념조차도 갖지 않은 분야가 많지만 중국의 공무원들은 경영자적 자질을 갖추고 있다.

최근 중국의 지방정부 공무원들이 한국의 기업 사냥에 나서고 있다. 한국의 기업경영 환경이 악화된 것을 눈치 채고 중국 각 성(省)의 성장(省長)급과 주요 도시 시장, 심지어 이름도 들어보지 못한 지방의 현급 도시까지 한국을 방문하여 연일 투자 설명회를 개최하고 있다.

토지의 무상 제공과 각종 우대 조치를 약속하며 저인망식으로 우리의 중소기업을 쓸어가고 있다. 지난 30년간 한국의 성장 동력이었던 중소기업을 한순간에 잃는 것이 아닌가 하는 생각에 안타까운 마음 금할 길 없다. 무차별적인 유치와 성급한 중국 진출 결정은 상당한 문제점을 내포하고 있다.

한국에서 이미 경쟁력을 잃은 사업은 중국에서도 경쟁력이 없어 실패할 가능성이 높다. 한국에서 경쟁력을 가진 기업이 중국에 진출하면 성공 가능성은 높지만 우리의 알짜기업이 중국으로 옮기면 한국은 실업 문제와 세수 감소, 그리고 제조업 공동화 현상에 직면하게 될 것은 뻔하기 때문에 이리저리 마음이 편하지 못하다.

더욱 안타까운 것은 우리의 첨단산업이 해외로 빠져나가고 있다는 사실이다. 잘 나가는 우리 기업이 해외로 나가고 나면 당장 실업이 발생하게 되고 각종 국가 세입이 줄어드는데 어떤 지방자치 단체장 혹은 세무서장이 만류한다는 이야기를 들어보지 못했다. 우리 산업의 구조적 문제점은 다음에 논하기로 하고 여기에서는 중국의 공무원들에 대하여 이야기해 보자.

필자는 지난 10년간 중국 현지에서 사업하면서 적지 않은 중국의 공무원들을 접해 보았다. 정부의 고위직에서부터 하급 관리직까지 다양한 부류를 만났다고 할 수 있다. 여러 경로를 통한 그들과의 만남을 통하여 중국 공무원들의 내면을 살펴보는 기회를 많이 가지게 되었다. 일반적으로 중국에서 중견기업이나 중소기업 정도의 사업을 하는 경우 중국의 고관을 만날 수 있는 기회는 많지 않다. 그러나 우리의 시군구에 해당하는 기초단체 공무원들과는 거의 매일 만나게 된다.

중국은 공산혁명 이후 계획경제 체제였다. 그리고 사회주의 체제의 특수성으로 인해 정부의 행정업무와 공무원들이 관할하는 영역이 우리보다 훨씬 광범위하다. 다만, 행정 서비스 부문에 있어서는 우리가 중국보다 훨씬 발달된 분야가 아닌가 생각된다. 우리는 필요 없는 제도를 많이 만들어 이런저런 증명서를 떼어올 것을 요구하지만 중국은 그런 요구는 적고 비교적 합리적으로 운영되기 때문에 대민 행정 서비스가 그렇게 많이 필요하지 않은 것 같다.

　무엇보다 중국 공무원의 가장 큰 경쟁력은 해외 기업을 자기 관할 내에 유치하는 능력이다. 중국 공무원들이 외자유치에 목숨을 거는 것은 공무원들의 능력이 주로 외자유치 금액에 의하여 평가되기 때문이다. 공무원의 실적 평가 시스템이 잘 정비되어 있어 매년 외자유치 실적을 평가하여 인사에 바로 반영하기 때문에 효율적이고 과학적인 것으로 평가받고 있다.

　이렇게 정부의 공무원들이 발 벗고 나서서 외자를 유치하는 배경에는, 국가는 국민들에게 일자리를 제공해 주어야 한다는 계획경제 시스템 하의 국가 운영 체제에서 연유한다. 사회주의의 기본은 국가가 반드시 국민들에게 공평하게 일자리를 제공해 주는 것이 기본적 임무이기 때문이다.

　지난 25년간 개혁개방 정책의 성공적 추진으로 농촌에서 도시로의 인구의 대량 이동은 지금도 급속히 진행되고 있다. 그리고 주룽지 총리 시절, 많은 국영기업을 정리하는 과정에서 엄청난 숫자의 사람들이 일자리를 잃었다. 대량 실업은 사회 불안을 일으키는 엄청난 핵폭탄이기 때문에 이들에게 일자리를 만들어주어 먹고 살게 해주는 일이 정부의 가장 중요한 업무가 되었다.

　마침 인근 국가인 한국은 부동산 가격의 급등으로 인한 공장부지 난, 노사 분규와 물가 상승으로 인한 인건비 상승, 원자재 가격 상승, 정부의 각종 규제책으로 인한 경영 여건 악화, 그리고 한국 기업들의 중국 시장에 대한 기대감으로 중국 진출을 모색하게 되었다. 서로의 조건이 맞아 떨어지자 중국 정부는 대규모의 투자 유치단을 이끌고 한국의 구석구석을 누비고 다니면서 기업 유치에 열을 올리고 있는 것이다.

1 ■ 전문성

　중국 공무원들은 한국의 공무원 운용 체계와 상당히 달라 한 분야에 오래 종사하는 경우가 대부분이다. 한 분야에 오래 근무하다 보니 자기 분야에 해박한 전문지식을 습득하고 있다. 공무원이 한 분야에 오래 근무한다는 것은 많은 폐단이 있는 것도 사실이지만 중국 공산 당이라는 눈에 보이지 않는 검증 시스템이 작동하고 있기 때문에 비교적 높은 청렴성과 공정성이 보장되고 있다. 행정 규정의 자구 하나 때문에 면피성 규정 적용으로 머리를 굴리는 공무원이 중국에는 없다고 보아도 과언이 아니다. 합리적이고 대승적인 관점에서 옳은 일이면 그 기조는 계속 유지된다고 보면 틀림없다.

　또한, 한국에만 존재하는 공무원 죽이기 식의 민원 제기가 중국에는 거의 없다. 공무원들이 소신 있게 일을 처리하는 데 장애물로 작용하는 것 중에 하나가 민원 제기와 무고한 투서 등을 들 수 있다. 공무원들이 일을 잘할 수 있도록 격려하고 도와주는 것이 아니라 꼬투리

를 잡아서 자기에게 유리한 데 써 먹거나, 민원을 제기하고 못살게 구
는 일이 허다하다. 이러다 보니 한국의 공무원들은 소위 복지부동이
니 하면서 소신 있는 행정을 펼치기가 쉽지 않다. 이런 시스템이 근본
적으로 고쳐지지 않는 한 한국 공무원들의 적극적인 행정 서비스는
기대하기 어렵다.

2 ▪ 경영자적 소양

중국인들은 태어나면서부터 장사와 사업에 대한 감각이 뛰어난 것
처럼 보인다. 지방 관청의 말단 직원을 만나 보아도 우리 기업인들이
나 가지고 있는 경영자적 사고로 무장되어 있음을 금방 알아볼 수 있
다. 중국 공무원들과의 업무 처리는 마치 갑과 을이 존재하는 계약상
의 협상이라고 여겨지리만큼 돈과 연관된 부분에는 양보가 없다.

대개의 공무원들은 문제의 핵심을 알고 있으며 순간적으로 협상의
내용을 돈으로 환산해 내는 엄청난 수리력을 가지고 있다. 지방의 직
원이라고 하여 우습게 보았다가는 낭패를 당하기 십상이다. 중국에
만만한 공무원은 단 한 명도 없다. 중국 공무원들의 경영자적 태도와
법과 규칙을 시행하는 합리적 발상들을 우리도 배워야 한다.

중국 공무원을 만나 그가 추천하는 지역에 투자하겠다고 제의해
보라! 해당 지역의 공산당 서기에서부터 시장이 나타나고 세무서장,
심지어는 경찰서장까지 이런저런 특혜를 제의하며 한마음으로 환영
한다. 물론 좋은 음식점으로 안내하여 투자 의향이 있는 손님이 만족
할 때까지 술과 음식을 접대한다. 아무리 복잡한 인허가 사항도 중앙
정부의 허가 사항이 아닌 한 한두 주일이면 끝난다. 간단한 기업 설립

이나 제조공장 설립이라면 이제 일 주일이면 충분하다.

3 ▪ 우리의 대응 방안

우리는 행정 내부의 결재 시스템 문제뿐만 아니라 환경 문제, 주민들의 민원 제기, 동종업계의 로비 등 곳곳에 업무를 마비시키는 복병들이 적지 않다. 특히, 사회에 만연한 도덕적 해이와 님비 현상의 확산은 국가 발전의 걸림돌로 대두되고 있다.

물론 한국 사회는 민주사회이기 때문에 여러 이익 단체나 사회단체로부터의 문제 제기가 정당하다고 보지만, 국민들의 이기적인 태도와 무책임한 행정 시스템을 중국과 비교해 보면 경쟁력이 떨어지는 것이 엄연한 사실이다.

무서운 추진력과 경영자적 자질로 무장된 중국의 전문직 공무원과 몸보신에만 머리를 굴리는 우리의 공무원들을 비교해 보면 중국과의 적지 않은 대정부 협상에서 우리가 열세일 것임은 분명하다. 중국 공무원들의 역량을 높게 평가하는 사람으로서 우리의 공무원들이 중국을 배우는 데 게을리 해서는 안 된다고 본다. 필요하다면 중국을 잘 아는 인재를 과감하게 공무원으로 등용하여 중국과의 다양한 교류와 협상에 활용하는 정책적 전환이 필요하다.

| 중국의 위협에 대한 우리의 대응 |

현대 중국을 통일하는 데 이론과 실제에서 결정적 역할을 한 마오

쩌뚱(毛澤東)은 "권력은 총부리에서 나온다."고 하였다. 이 혁명적 사상을 그대로 이어 받은 덩샤오핑의 통찰력 있는 판단과 결정에 따라 개혁개방의 실험이 성공적으로 끝나자 중국은 개방 정책을 전국적으로 확산시키는 과감한 결단을 내렸다. 중국은 공산주의 사상이나 이념을 중시하는 '홍(紅)' 보다는 실용주의에 바탕을 둔 '전(專)'의 성공적 추진으로 이제는 서방 세계에게 위협적인 존재로 등장하였다.

한국 사회에서는 아직도 중국을 사회주의나 공산주의 사회라고 생각하는 사람들이 적지 않다. 물론 사회주의의 잔재가 적지 않으나 경제적인 측면에서 들여다보면 우리보다 훨씬 자본주의 시장경제에 바탕하고 있음을 알게 된다. 중국은 사회주의이지만 자본주의 성향이 강하고 우리는 자본주의라고는 하지만 사회주의적인 성향이 강하다.

중국은 구소련과 동유럽의 몰락으로 증명된 공산주의 및 사회주의 사상의 모순점을 제거하고 완전 경쟁에 가까운 자본주의 시장경제를 정책의 바탕으로 개혁을 급속도로 추진하고 있다. 중국 정부는 자신들만의 사회주의라고 하지만 자본주의와 다름 아니다. 반면, 우리는 자본주의 시장경제를 바탕으로 한다지만 걸핏하면 정부가 나서서 시장에 이러저러한 간섭과 규제를 일삼는 정책들이 난무한다.

1 ▪ 정치 투쟁과 공론은 이제 그만

중국이 사회주의의 껍질을 벗고 정치와 경제 체제를 정비하여 급속히 선진국 진입을 대비하는 동안 한국은 내부적으로 끝없이 비생산적이고 소모적인 논쟁만 일삼는 데 허송세월을 보내고 있다.

많은 국민들은 새로운 대통령의 취임과 더불어 희망을 가졌으나 실세들의 아마추어적인 국정 운영, 야당과 '조중동'에 의한 무책임한 발목 잡기 공격을 받아 한 치 앞도 진보하지 못하고 있다. 이념과 색깔을 내걸고 100분 토론이니 하면서 날이 새는 줄 모른다.

새 정부가 들어선 이래로 대기업뿐만 아니라 중소기업까지도 중국에 대한 투자가 봇물을 이루는 바람에 엄청난 국부가 중국으로 이동하고 있는데도 속수무책이다. 물론 한국에 남아 있으면 생존이 불가능한 기업이거나 어쩔 수 없이 시장 원리에 의하여 해외로 나가는 경우를 제외하고는 한국의 국부가 중국으로 유출되는 것을 막아야 한다고 생각한다. 특히, 고급 기술의 유출을 막기 위한 정책적 뒷받침이 반드시 있어야 한다.

한국에서 기업하기 어려운 점들을 살펴보면 강경한 노조, 높은 인건비 부담, 정부의 각종 규제, 시장 규모의 한계, 기업가를 제대로 대접해 주지 않는 사회적인 분위기 등을 들 수 있다. 이들의 대부분은 정부와 기업, 그리고 노동자가 중지를 모으면 해결 가능한 것들임에도 불구하고 한 치의 진보도 하지 못한 것을 보면 우리 사회의 동맥경화 현상은 이미 그 도를 넘어섰다 할 것이다.

2 ■ 시급한 중국 전문가의 양성

기업에서 중국 업무를 제대로 처리할 수 있는 인재를 찾기란 상당히 어렵다. 한국의 일류대학 졸업생과 중국의 중류대학 졸업생을 비교하여도 한국의 인재들이 경쟁력이 높다고 볼 수 없다. 사람을 구하고 싶어도 능력 있는 인재를 구하기가 쉽지 않다. 실업자는 엄청나게 늘고 있으나 기업이나 조직에서는 능력 있는 인재가 없다고 아우성치는 것은 엄청난 모순이다. 학교에서 실사구시를 가르치지 않기 때문이다. 가르치고 싶어도 가르칠 능력을 갖춘 사람이 없다는 이야기도 들린다.

이제 우리 사회는 어떤 분야를 막론하고 중국 전문가가 필요하지 않은 분야는 없다. 대기업은 물론 중소기업조차도 중국을 이해하는 중국 전문가가 필요한 시대가 되었다. 이런 현상은 기업뿐만이 아니다. 정부나 지방자치단체, 국영기업 등에도 중국 전문가의 필요성은 나날이 늘어가고 있다.

중국 개방이라는 시대적 변화를 미리 예측하고 중국에 대한 역량을 준비한 소수의 인재를 제외하고는 한국에 진정한 중국 전문가를 찾기란 쉽지 않다. 기존의 조직이나 기관에서 중국에 어학연수를 보낸다든지 하여 중국 전문가를 양성하는 프로그램을 운영하는 곳도 있지만 몇몇 기관에 지나지 않는다. 대다수는 중국 전문가의 필요성을 인정하지만 역량을 갖춘 인재를 채용하거나 키우는 데 너무나 인색하다. 이래서는 경쟁력이 생겨날 턱이 없다.

상당한 역량을 갖춘 중국 전문 인재임에도 불구하고 우리 사회에서는 중용하지 않는다. 한국 사회는 미국에서 공부한 사람을 중심으로 짜여져 있어 능력 있는 인재가 제대로 된 자리를 잡기가 어려운 구조로 굳어져 있다. 국익이나 조직의 이익을 먼저 고려하거나 염두에 두지 않고 개인적인 친소 관계에 따라 정책의 추진이나 의사 결정을 한다. 참으로 통탄할 일이다.

3 ▪ 전략과 역량의 확보

어느 나라를 막론하고 외교 혹은 정부 간의 접촉에는 공식적인 채널이 가장 중요하다. 그러나 중국과의 관계에는 전통적으로 비공식 채널 또한 공식 채널 못지않게 중요하게 취급되어 오고 있다. 국가나 기업에 외교나 법적으로 해결하기 어려운 문제가 발생할 경우 비공식 채널을 통하여 해결할 수도 있다. 우리 사회에도 상당 기간 중국에 거주하면서 해당 분야에서 역량을 쌓은 고급 인력이 적지 않다 그들을 양지로 끌어내어 적절하게 활용하는 자세가 필요하다.

중국의 비약적인 부상에도 불구하고 아직도 우리 사회에는 중국을 우습게 보는 풍조가 남아 있다. 미국에 'NO' 라고 할 수 있는 유일한 나라가 중국인데도 아직까지 중국을 우습게 보는 시각을 가지고 있다면 그것은 커다란 문제가 아닐 수 없다.

중국을 알아 가면 갈수록 필자는 전율을 느낀다. 왜냐하면 우리 한국의 운명이 점점 중국의 입김 여하에 따라 좌우될 확률이 높아지고 있기 때문이다. 중국인들은 상당히 원칙론적인 접근을 선호하는 사람들이다. 우리의 빠른 판단과 순발력이 필요할 때도 있지만, 우리는 성급함을 없애고 장기적인 안목으로 중국을 대하고 원칙론으로 대응할 필요가 있다.

중국과의 접촉과 협상에서 오만과 자만은 금물이다. 겸손한 자세로 그들과 대화하고 협상하여야 한다. 물론 비굴하게 굴자는 뜻이 아니다. 중국과 대등한 관계를 가지려면 그들과 맞먹는 힘과 역량을 갖추어야만 하는 것이다.

Part 02

중국을 사로잡은 한국의 기업들

한국 문화가
상품이다
-서라벌 식당

　베이징의 유명한 5성급 호텔인 캐빈스지 호텔. 호텔 내 통로를 따라 서쪽으로 가다 보면 옌샤상청 백화점이 나온다. 백화점 지하 1층에는 중국 사람들이 한 번쯤 들러 한국 음식을 맛보고 싶어 하는 서라벌 식당이 있다. 평일과 주말에 상관없이 식당에 들어가기 위해 긴 줄이 늘어서 있다. 예약을 하지 않은 손님은 1시간 정도는 기다려야 자리가 날 정도다.

　이 식당은 근처에 있는 양마허 서라벌보다 2년 늦은 1993년에 오픈하였다. 중국 진출 2호점인 옌샤 서라벌이다. 건물 면적은 800평 규모로, 좌석은 600석에 달한다. 서라벌 식당은 현재 중국 내에 18개의 체인점을 보유하고 있다. 베이징의 옌샤 서라벌 한 곳에서 올리는 하루 매출액은 18만 위안(2,700만 원). 연간 매출액은 한화 100억 원에 이른다. 양마허점보다 나중에 개점하였지만, 옌샤점이 서라벌 식당의 중국 본부라 할 수 있다.

음식 문화의 본고장이라는 중국에서 외식산업이 진출해 크게 성공한 경우는 커피 체인점 스타벅스와 패스트푸드업체인 맥도널드와 KFC 등 손에 꼽을 수 있을 정도다. 몇몇 세계적 외식업체들만이 간신히 성공한 것을 보면 중국에서 외식산업으로 성공하는 일이 쉬운 일이 아님을 알 수 있다. 그러나 서라벌 식당은 한국의 전통음식으로 세계적인 패스트푸드업체들과 어깨를 나란히 견줄 정도로 성공가도를 달리고 있다. 대단한 일이 아닐 수 없다. 중국인들은 한국의 대통령 이름은 알지 못해도 서라벌은 안다. 우리의 전통 음식을 소개하며 돈도 벌고 우리의 문화를 전하는 서라벌은 민간 외교관으로서 톡톡히 공헌하고 있다. 이 같은 성공의 이면에는 수많은 서라벌 직원들의 눈물과 열정 그리고 땀이 있었다.

| 한우리 조용훈 회장 |

베이징 서라벌 1호점인 양마허 서라벌은 1989년 한중간의 국교가 수립되기도 전에 오픈되었다. 당시 LG상사의 제안과 베이징 시 부시장을 역임한 한보핑(韓伯平)의 부인의 권유로 투자를 결정하게 되었다. 당시 양마허 서라벌에 투자한 금액은 65만 달러였다. 한우리 외식산업의 조용훈 회장은 요식업계에서는 특이한 이력을 가진 사람이다. 일간지 기자로 20년간 현장을 누빈 조 회장은 퇴임 후 신라호텔 내에 사진관을 운영하여 적지 않은 돈을 벌었다. 이후, 서울 논현동에 서라벌 본점을 오픈하면서 요식업에 진출한 그는 대성공을 거두었고, 이제는 요식업계의 대부로 통한다. 1999년에는 중국에서 한국 음식을 알리는 민간외교의 공적과, IMF를 맞아 국가가 외환 부족의 어려움에 처했을 때 거액의 자금을 송금하여 국가에 기여한 공로로 국민훈장 목련장을 수훈하였다.

성공 포인트

1) 과감한 투자

서라벌이 베이징에 진출을 결정할 무렵은 아직 수교 이전이라 중국에 대한 정보나 자료가 많지 않던 때였지만 과감하게 투자를 결정하였다. 양마허 지역은 길만 하나 건너면 각국 대사관과 바로 통하는 입구에 위치하고 있고, 옌샤상청(燕莎商城)은 베이징에서도 손꼽히는 고급 백화점으로 신흥 부자들과 고급 관리들이 많이 드나드는 곳이다.

또한, 5성급 호텔인 캐빈스지 호텔과 창청(長城) 호텔이 바로 앞에 있다. 당시뿐만이 아니라 앞으로도 베이징에서 발전 가능성이 가장 높은 곳을 선택하였다는 것은 행운이 아닐 수 없다.

해외에서 사업을 한다는 것은 어려움이 한둘이 아니다. 중국과 같이 법과 제도가 완전히 정비되어 있지 않고, 우리와 다른 상관습을 가진 국가에서 능력 있고 믿음직한 파트너는 사업을 하는 데 커다란 원군이 된다. 중국 사업에서 상당한 경험을 쌓은 LG상사를 파트너로 하여 진출하였다는 것은 전략적으로 매우 중요한 의미를 갖는다.

진출 당시, 한우리 외식산업 내에는 중국에 대한 전문가가 없었고,

중국 진출을 반대하는 분위기가 강했다. 그러나 조 회장의 과감한 결단에 의하여 중국 진출을 결정하였다.

2) 현지 인맥의 존재

어느 나라에든 현지에 영향력 있는 인맥을 갖고 있다는 것은 든든한 일이다. 특히, 중국 사업에서는 인맥의 존재가 참으로 요긴하게 작용한다. 서라벌은 당시 한보핑 베이징 부시장과 친밀한 관계를 맺고 있었는데, 사업 초기 적지 않은 도움을 받았다.

수교 전이었지만, 베이징 시는 88년 서울 올림픽과 90년 베이징 아시안게임을 통하여 한국과는 우호적인 교류를 하고 있었는데 그 혜택을 본 것이다. 또한, 식당을 오픈하고 나서도 상당 기간 동안 베이징 시 간부들이 적지 않게 찾아 매상을 올려주었다.

3) 중국 전문가의 존재

중국 사업의 성공은 기업 내부에 중국 전문가가 있느냐에 달려 있다. 현재 중국 서라벌의 책임자인 백금식 사장은 중국 전문가임에 틀림없다. 필자와는 이미 베이징 서라벌을 개점할 당시부터 알고 지내며 형제처럼 지내는 사이이다.

서라벌의 중국 진출 초기, 현지 직원들은 서비스 개념이 전혀 없었다. 백 사장은 매일 직원에 대한 서비스 교육은 물론, 청결 교육 하나하나를 직접 가르쳤다.

요식업으로 중국에 진출한 한국 기업 중에서 가장 성공한 전문 경영자를 뽑으라면 필자는 백금식 사장을 꼽는 데 주저하지 않는다.

4) 고가 전략

스타벅스나 맥도널드, KFC 등 프랜차이즈업체들은 일반 대중을 타깃으로 하고 있다. 그러나 서라벌은 처음부터 중산층 이상의 고객을 대상으로 하는 고가 전략을 펼치면서 최상의 서비스를 제공하는 전략을 채택하였다.

서라벌을 찾는 고객들은 높은 가격에도 불구하고 가격에 대한 불만 없이 맛과 서비스에 감탄한다.

5) 한국 전통의 맛

서라벌은 한국 음식점이라는 사실을 잊지 않으려고 끊임없이 노력한다. 한국 음식의 맛은 한국의 전통이 살아 있는 맛이어야 하는데, 서라벌 주방장들은 여기에 역량을 집중한다. '한국 음식은 한국의 전통이다.' 이것은 지금도 서라벌이 철저히 지키고 있는 원칙이다.

물론 서라벌이라는 명칭에도 한국의 전통이 배어 있다. '세상의 모든 음식은 중국에 있다.'는 중국인들의 음식에 대한 자부심을 보기 좋게 깨뜨린 서라벌의 성공 배경에는 한국 전통의 맛을 그대로 재현하고 '변하지 않는 맛'을 유지하고 지켜 나간 것에 있다. 중국인 주방장들도 일정 기간 교육시키면 별 어려움 없이 한국 음식을 만든다. 그러나 서라벌에는 중국인 주방장이 없다. 주방에 현지인을 고용하기는 하지만, 음식의 간은 반드시 한국인 주방장이 보고 조절한다. 서라벌의 주방은 한국인 주방장이 책임지고 있다. "한국 음식과 문화는 한국인이 가장 잘 안다."는 것이 조 회장의 생각이다.

서라벌의 수석 주방장인 김상수 부장은 "손끝에서 나오는 한국 음식의 맛은 어느 누구도 모방할 수 없다. 재중교포나 현지인에게 주방을 맡겨놓은 뒤 3일이 지나면 음식 맛이 달라진다. 중국 음식에 익숙해진 그들이 한국 전통의 맛을 내는 것은 그만큼 힘들기 때문이다. 그래서 음식의 간은 직접 보고 조절한다."고 말한다.

6) 최고급 식재료 사용

서라벌은 사업 초기부터 지금까지 정갈하고 깔끔한 한국 전통의 분위기와 음식 맛을 그대로 전할 수 있는 양념갈비, 등심구이, 국수전골을 주 메뉴로 선보이고 있다. 김치는 특유의 맛을 유지하기 위하여 그날그날 담가 사용한다. 국수전골에 쓰이는 면도 그때그때 뽑아 사용한다. 식재료도 최고급 제품만을 엄선하여 쓰고 있다.

사업 초기에는 한국에서 채소 씨앗을 들여와 위탁 재배하여 사용하기도 하였다. 등심과 갈비는 중국 고위 인사들이 주로 살고 있는 중난하이(中南海)와 인민대회당에 육류를 납품하고 있는 도축장에서 주문해 사용하는 등 고품질의 재료를 사용해 한국 고유의 맛을 유지하고 있다.

톈진 서라벌의 점장은 "등심의 경우 일반시장에서는 1킬로그램당 15~16위안(2,300원) 정도하지만, 서라벌에서 사용하는 등심은 1킬로그램당 110위안(17,000원)일 정도로 질이 좋은 것을 사용한다."고 강조한다.

7) 신용 본위의 경영

서라벌이 개업한 이래 가장 중요하게 생각하는 단어는 '신용' 이다. 서라벌은 변함없는 맛으로 승부를 걸고 있다. 서라벌은 절대 중량을 속이거나 품질이 떨어지는 고기를 사용하지 않는다. 뿐만 아니라 매출액도 거짓으로 보고하지 않는다. 2001년과 2002년에는 베이징 시 요식업체 중 납세액 1위에 올랐을 정도다.

서라벌은 중국인들에게 값비싼 고품격 음식점으로 통한다. 하지만 초기에는 서라벌을 찾는 중국인 고객들의 비중이 그리 높지 않았다. 처음에는 한국인이 찾다가 일본인, 유럽 인으로 저변을 넓히기 시작해 이제는 서라벌을 찾는 90퍼센트 이상이 중국인이다.

조 회장은 "중국인들은 처음에 사람을 잘 믿지 않지만 신용을 지키고 진심으로 대하면 절대 배신하지 않는다." "중국인은 처음 발길을 돌리기가 어렵지만, 일단 한번 방문해 좋은 인상을 남기게 되면 그 손님이 10명을 모셔온다." "약속을 잘 지켜 지금까지 예약이 취소된 경우는 한 번도 없을 정도로 신용을 중시한다."고 말한다.

8) 차별화된 서비스

서라벌은 음식 맛에 앞서 항상 청결을 강조한다. 서라벌을 방문해 보면 항상 바닥과 벽면이 거울처럼 반짝거린다. 식당 바닥도 손걸레로 직접 닦는다. 서비스를 맡은 직원들은 이름표와 스마일 마크가 달린 유니폼을 입고 손님이 편안하게 식사할 수 있도록 세세한 부분에도 신경을 쓴다. 주방은 누구나 볼 수 있도록 개방되어 있다. 일반적인 중국 음식점의 불결한 이미지를 완전히 제거함으로써 손님들에게 깨끗한 음식을 제공하고 있다는 것을 보여주는 것이다.

서라벌은 직원들을 위한 교육에도 많은 노력을 기울인다. 입사한 직원들에게는 먼저 한국말과 한국 예절을 교육시킨다. 중국인인 이들이 한국 문화를 잘 이해한다면 사업에 커다란 도움이 될 것은 자명하다. 또한, 직원들의 복지를 위해서도 투자를 아끼지 않는다. 직원들이 편하게 쉴 수 있도록 기숙사가 따로 있을 정도다. 백금식 사장은, 서라벌의 차별화된 서비스는 동종업계에 비하여 월등한, 직원들의 복리후생에서 나온다고 말한다.

특히, 서라벌은 총 지배인이 직접 손님과 이야기를 나누면서 고기를 굽는다거나 전 직원이 90도에 가까울 정도로 고개를 숙여 인사하는 등 중국인들이 예전에 접해 보지 못한 '친절'이란 서비스를 보여줌으로써 깊은 인상을 남기고 있다. 서라벌은 미래의 고객인 어린이들을 위한 마케팅도 시행하고 있다. 중국의 '한 자녀 정책'으로 인해 대부분의 가정이 1명의 자녀만을 두고 있어 부모들은 자녀들에게 대단한 관심을 쏟는다. 어린이들의 입에서 서라벌이란 단어가 나올 수 있도록 다양한 이벤트를 실시하는 등 세심한 주의를 기울이고 있다.

9) 가격 전략의 새로운 변화

중국에서 브랜드 이미지를 확보한 서라벌은 최근 새로운 가격 전략을 내놓고 있다. 종전의 고가 전략을 고집하지 않고 해당 지역의 경제 수준과 고객들의 요구를 반영하여 저가 정책을 시험 중이다. 즉, 지역 특성에 맞는 가격 정책을 실시함으로써 지역 사회에 빠르게 침투하겠다는 발상이다. 저가 정책은 2003년 초, 서라벌의 18번째 체인점으로 오픈한 톈진 서라벌에서 시험 실시하고 있다. 가격을 베이징 서라벌의 30퍼센트에서 40퍼센트까지 인하하였다. 이러한 정책적 변화는 변화하는 중국 시장에서 일반 시민들에게도 서라벌의 이미지를 심어 새로운 시장을 창출하겠다는 의도이다.

텐진 서라벌을 찾는 고객들은 저렴한 가격에 만족해하고 있다. 또한, 업계로부터는 매우 적절한 타이밍이며, 시장 상황에 잘 맞는 전략적 변화라는 평가를 받는다.

| 베이징의 요식업 투자 체크 포인트 |

중국에서 요식업에 진출하려는 기업형 요식업체가 나날이 늘어가고 있다. 투자 규모도 한국의 대중국 투자 중에서 제조업, 부동산업에 이어 3번째 규모이다. 서라벌에 이어 수복성, 비원 등이 성공적으로 자리를 잡아가고 있어 적지 않은 사업가들이 관심을 가지는 분야이다.

최근에는 한국의 TV 드라마와 한국 상품, 그리고 가수 등으로 대표되는 한류의 영향으로 한국에 대한 관심이 높아짐에 따라 한국 음식에 대한 인기도 날로 치솟고 있다. 그러나 베이징에 진출한 한국의 요식업체들은 성공한 업체보다 실패한 업체가 훨씬 많다. 소규모 자본으로 베이징 진출을 시도한 식당은 대부분 실패하였다고 해도 과언이 아니다.

1 ▪ 개업 파트너
베이징 시의 규정상 기업형 규모가 아니면 외국인 개인 명의로는 식당을 개업할 수 없기 때문에 소규모 투자자들은 중국인의 명의를 빌려 식당을 개업한다. 이렇게 명의를 빌려 개업하는 방식은 상당한 위험이 따른다. 장사가 잘 안 되면 손실은 고스란히 투자자가 떠안게 되고, 장사가 잘되더라도 명의권자가 자기 것이라 주장하면 법적으로 아무 대응도 못하고 송두리째 빼앗기는 경우도 있다. 명의 대리인이 장사하는 동안 일어난 불법적인 일들을 세세하게 기록해 두었다가 식당을 가로채는 데 이용하기도 하고, 심지어 불륜 같은 개인적 사생활로 협박하기도 한다.

식당의 규모가 어느 정도 된다면 정식으로 합자법인을 세워 경영하는 것이 안전하다. 요식업은 외국인 단독 투자 금지 업종이기 때문에 반드시 파트너가 필요하다. 최소한의 투자액 한도도 15만 달러이다. 중국 측 파트너와 반드시 합자계약을 완벽하게 작성하여야 한다. 파트너와의 지분 구조와 경영 참여의 정도, 의결권과 의결 정족수 등 법적으로 하자 없는 계약이 이루어져야 나중에 문제가 생기지 않는다. 물론 계약서를 작성할 때는 전문가의 도움을 받아 공증을 받아 두어야 안심할 수 있다. 컨설팅 비용이나 법률 자문비를 조금 아끼려다 낭패를 보는 경우가 생기지 않도록 해야 한다.

신뢰할 수 있는 파트너를 물색하는 것은 식당 운영에 있어 필수적이다. 식당 운영에 필요한 위생, 환경, 보안 등 각종 행정 업무를 파트너가 해결해 주면 큰 힘이 된다. 베이징 시만 하여도 식당 간판 하나 거는 데도 10군데 기관의 허락을 받아야 하는 등 적지 않은 어려움이 있고, 소방서에서 수시로 나와 이것저것 걸고넘어지면 몇 달간은 개업도 하지 못하고 뛰어다녀야 한다. 관련 관청과 꽌시(關係: 보통 인맥의 의미로 쓰임)가 있는 파트너가 여러 가지 문제를 해결해 준다면 사업을 한결 수월하게 진행시킬 수 있다.

실내장식은 한국 식당이라는 컨셉에 맞추어 하면 된다. 중국에는 적지 않은 한국 실내장식 전문업체들이 진출해 있기 때문에 어렵지 않게 해결할 수 있다. 파트너와 업무를 분담하면 효율적으로 식당을 운영할 수 있다. 그러나 파트너가 운영에 관여하게 되면 여러 가지 문제가 생길 소지가 많다. 한국 식당이기 때문에 한국인이 경영하는 것이 한국의 맛을 유지할 수가 있어 훨씬 효율적이고 발전 속도가 빠르다. 물론 파트너에게도 그들이 잘할 수 있는 일정한 업무를 배정하여 활용하는 것이 바람직한 방법이다. 요식업은 투자금을 곧바로 회수할 수 있는 그런 사업이 아니다. 적어도 6개월 혹은 1년 정도 손님이 없더라도 버틸 수 있을 만한 자금을 가지고 있어야 한다.

2 ■ 장소 선정과 건물 임대

위치와 장소가 마음에 들면 그곳은 틀림없이 임대료가 엄청나게 비쌀 것이다. 반대로 비용이 적당하다고 생각하면 외진 곳이기 일쑤이다. 참으로 난감한 일이 아닐 수 없다. 임대료가 한국의 강남구보다 비싼 곳이 허다하다. 그리고 건물이 식당을 오픈할 수 있는 건물인지 먼저 알아보아야 한다. 먼저 주방을 만들기에 적합한지 살펴봐야 한다. 주방을 설치하는 도중에 건물의 특성과 조건 때문에 가스 불을 켜지 못하는 건물이라든지, 연기 배출구를 설치할 수 없는 건물이라면 엄청난 손해 배상과 함께 예상치도 않은 비용이 들어가게 된다. 중국의 건물에는 우리가 알지 못하는 각종 규제가 아주 많다. 따라서 계약 전에 건물에 대한 치밀한 조사가 선행되어야 한다.

건물에 대한 계약은 최대한 장기간으로 잡는 게 좋다. 자리가 잡히는 데 2~3년이 걸릴 것을 감안하고 장기계약을 하는 것이 유리하다. 돈이 벌리는 시점에서 건물주와 협상하게 되면 사업의 업황을 훤히 아는 주인과의 계약은 불리하게 마련이다. 물론 환경 정비와 도로 정비 등 중국의 도시계획에 대한 정보를 정확하게 파악하고 있어야 한다. 최근에도 상당한 자금을 들여 실내장식을 마친 한국의 한 업체가 도로 정비로 건물이 헐리는 바람에 큰 손실을 입었다.

베이징의 경우, 이제 한식당은 포화 상태라고 하여도 과언이 아니다. 서라벌의 백금식 사장과 비원의 송훈천 사장은 "베이징에서 새로 한국 식당을 개업하는 것은 무모한 일이다."라고 말한다. 한식당이 너무 많아 경쟁이 너무 치열하다. 차라리 아직 한식당이 진출하지 않은 지방의 중소도시를 공략하라고 권한다. 그리고 식당 메뉴도 고기를 굽는 한식 일변도가 아닌 삼계탕, 냉면 등 틈새시장을 개척하는 것도 하나의 길이라고 조언하고 싶다.

3 ■ 직원 교육

한국 요식업체들이 진출 초기부터 빠르게 자리 잡고 성공한 데는 종업원들의 철저한 서비스 정신과 홀과 주방의 청결함이 큰 역할을 하였다. 종업원에 대한 교육은 사업의 성패를 좌우할 만큼 중요하다. 특히, 중국인들은 허리를 굽혀 인사하는 데 익숙하지 않다. 직원 교육에 대한 매뉴얼을 만들어 엄격하게 시행하여야 한다. 주방에서는 주방장에게 전권을 주어 한국의 맛을 유지하고 업그레이드할 수 있도록 배려하여야 한다.

4 ■ 메뉴와 식재료의 선택

한식당을 개업하면 처음에는 고객의 대부분이 한국인이나 조선족이다. 식당을 찾는 손님의 패턴을 보면 한국인이 가장 먼저 찾고 다음은 한국 손님이 중국인 친구들을 데리고 온다. 그리고 한번 와 본 중국인들이 친구들을 데리고 오는 패턴이 일반적이다. 식당을 경영하는 업주는 이 패턴에 주목할 필요가 있다.

중국인이 중국인 친구들을 데리고 오고 중국인 스스로 식당을 찾아올 때쯤이면 중국인들로부터 음식에 대한 자문을 받아야 한다. 때로는 중국인의 입맛에 맞도록 변화를 줄 필요가 있다. 한국 음식이지만 중국인의 입맛에 맞는 메뉴를 개발할 필요가 있다. 서라벌도 손님의 80퍼센트 이상이 중국인이다 보니 소스를 바꾼다든지 하여 중국인 입맛에 맞도록 조금씩 변화를 주고 있다.

한식당을 찾는 중국인은 대부분 불고기나 갈비 등을 기본으로 주문한다. 그리고 부가적으로 낙지볶음, 아구찜, 파전 등을 시키고 식사로 국수전골이나 된장찌개를 시키는 경향이 많다. 만일 불고기나 갈비에 쓰이는 고기가 맛이 없다면 다시 찾지 않을 것이다. 즉, 고기의 질이 사업의 성패와 밀접한 관계에 있는 것이다. 서라벌과 비원은 베이징 근교의 축산농가와 계약을 맺고 좋은 고기만을 엄선해서 들여온다. 이곳에서 쓰는 쇠고기의 값은 일반 중국인들이 먹는 쇠고기의 5배 이상 비싸지만 맛에서는 엄청난 차이가 난다.

필자는 지난 7월 비원의 송훈천 사장을 만났다. 베이징 비원은 주요 고객이 아직 한국인이기 때문에 순수 한국 맛을 고수하고 있다. 원조 한국 음식 맛을 보고 싶어 하는 중국인 고객들이 점차 증가하고 있지만 아직은 다음 단계로 넘어가지 않고 있다. 비원은 한국인의 입맛을 맞추기 위해 토속적인 맛을 강조하고 있다.

중국인의 입맛에 맞추지 말고 선도하라 -농심

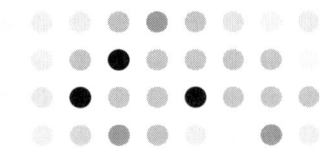

　중국에는 베이징 요리, 상하이 요리, 광동 요리, 사천 요리 등 다양한 음식 문화가 존재하는 관계로 비교적 간단한 먹거리인 라면류는 그다지 평가를 받지 못했다. 그러나 개혁개방 이후 중국인의 음식 문화는 급속한 변화를 보이기 시작하였다. 그것은 중국인의 생활 자체가 전통적인 느린 템포에서 역동적으로 바뀌기 시작하였다는 것을 의미한다. 느긋하게 식사하던 예전의 음식 문화는 시간에 쫓기는 현대인에게 현실적이지 못했고, 바쁜 일상에서 간단히 한 끼를 때울 수 있는 형태의 먹거리가 필요하였다.

　농심은 한국 시장에서 라면의 65퍼센트, 스낵의 35퍼센트의 점유율을 차지하고 있는 업계 1위의 업체이다. 그러나 한국 시장은 포화 상태이며 경쟁 또한 치열하다. 경쟁이 심화되자 농심은 거대한 대륙 중국으로 눈을 돌렸다. 중국에는 13억의 인구가 있고 전통적으로 면을 선호하는 음식 문화를 가지고 있다는 데 착안하였다.

농심은 현지 생산법인을 설립하기 전에 심혈을 기울여 중국 내수시장 조사를 실시하였다. 먼저 한국에서 만든 신라면을 중국으로 들여와 유통시켰다. 이 과정에서 농심은 중국 내수 유통시장에 대한 다양한 정보를 수집하고 중국인들의 까다로운 입맛에 대한 연구를 시작하였다. 1990년대 초, 필자도 베이징에서 식품 관련업종으로 제조와 유통을 하고 있었는데, 농심의 현지 주재원 간부들이 찾아와 중국의 유통 관련 문제점에 대하여 여러 가지를 물어왔던 기억이 있다.

중국인들의 입맛을 테스트하고 중국 내수 유통시장에 대한 조사를 수년간 거친 농심은 중국 진출을 결정하였다. 중국 투자를 결정하면서 가장 먼저 해야 하는 일은 진출 지역의 선정이다. 중국은 참으로 넓고 다양해서 지역 선정은 간단한 문제가 아니다. 투자 지역의 선정은 투자 목적과 투자 파트너, 그리고 업종과 관련이 많다. 또한, 투자 지역별로 기업에 대한 혜택이 다르고 투자 환경도 다르기 때문에 투자 목적과 자신의 경영 자원을 평가하여 지역을 선택하게 된다.

중국 내수시장 진출이 목적이었던 농심은 현지 시장의 규모, 그리고 물류비 절감과 내수시장 개척에 유리한 상하이를 선택하였다. 상하이는 중국에서도 가장 먼저 국제화되고 인구 밀도가 가장 높을 뿐만 아니라 소득도 가장 높은 곳이다.

농심이 1997년 중국에서 생산된 '신라면'을 공식적으로 출시할 당시의 상황을 살펴보면, 일반적인 중국인들의 라면에 대한 인식은 '팡비앤미앤(方便麵: 뜨거운 물을 부어 간단히 먹는 면)' 정도였다. 중국 현지 기업에서 생산하고 있는 라면의 품질은 상당히 조악한 수준이었다. 중국이 지역적으로 넓고 물류산업이 발전되지 못한데다가, 가격에 비하여 부피가 많이 나가는 라면의 특성상 물류비 부담이 매우 크므로 한 지역에서 대량으로 생산한다는 것은 현실적으로 어렵다. 또한, 중국은 지역마다 상당히 상이한 입맛을 가지고 있기 때문에 전국적으로 입맛을 통일시킨다는 것은 거의 불가능하다고 여겨졌다. 이 때문에 라면은 대기업보다는 각 지방의 중소업체들이 주로 생산 판매하고 있었다.

농심이 중국 진출을 결정할 당시 중국인의 1인당 라면 소비량이 연간 12개(한국은 82개)에 불과해 성장 속도와 가능성이 대단히 크다는 점도 중국 진출을 결정하는 한 요인이 되었다. 경제 발전과 더불어 연간 라면 소비량은 1993년의 25억 개에서 1995년에 100억 개, 2000년 160억 개, 2004년에는 300억 개를 돌파할 전망이다.

중국 시장은 세계 기업들의 치열한 격전지이다. 농심 신라면은 중국의 상하이 유통 중심지인 구베이 까르푸 매장과 베이징 국제무역전시센터 옆에 있는 까르푸 매장 등 유명한 대형 할인점에서 가장 눈에 잘 띄는 위치에 진열돼 있다. 놀라운 약진이 아닐 수 없다. 경쟁이 치열한 중국 시장에서 가장 눈에 잘 띄는 장소에 자리를 잡았다는 것은 자리를 확고히 잡았다는 것을 의미한다.

| 중국 진출 현황 |

1 ■ 현지법인 현황

중국에 진출한 농심은 1996년부터 본격적으로 현지 생산을 시작하였다. 농심은 1995년 8월 중국 상하이에 총 2,200만 달러를 투자하여 첫 번째 해외 라면공장을 설립하였다. 1998년 7월에는 900만 달러를 투자하여 칭다오에 농수산물 가공, 스프 및 스낵류 생산 공장을 완공하였다. 1999년 3월, 2,300만 달러를 투자하여 선양에 라면과 스낵공장을 완공함으로써 중국 현지 일괄생산 시스템을 구축하게 되었으며 현재 라면과 스낵류 등 15가지를 현지에서 생산해 판매하고 있다.

2 ▪ 영업 현황

1990년부터 본격적인 라면류 시장이 형성되기 시작한 중국은 불과 10여 년 만에 연간 200억 개의 세계 최대 라면시장으로 부상하였다. 라면시장의 분포는 현재 도시 지역 위주로 시장이 형성되어 있다. 인구 1인당 라면 소비는 14개 정도에 불과하여 농촌을 포함하여 향후 성장 가능성이 매우 큰 시장이다.

1990년 이후 세계 라면시장의 성장률이 연 11퍼센트인 점을 감안하면 중국의 연 27퍼센트 성장은 대단한 고성장이다. 중국 시장은 제품의 개발이나 마케팅 역량에 따라 수요 확대의 여지가 대단히 크다. 또한, 전통적으로 면을 선호하는 식습관과 가정에서의 조리보다는 외식을 선호하는 문화를 감안하면 상당한 가능성이 있는 시장이다.

농심은 신라면을 대표 상품으로 중국 시장에 출시한 이래 매년 높은 매출 신장세를 보이고 있다. 농심의 중국 매출은 2000년 1,300만 달러, 2001년 2,140만 달러, 2004년 5,000만 달러에 이를 것으로 예상하고 있다. 신라면은 이미 일본, 타이완 제품을 제치고 가장 비싼 라면으로 자리 잡았다. 중국 상하이 까르푸의 한 매장에서 단일품목

매출 1위를 차지하기도 하였다.

농심은 앞으로 대도시 중산층 이상을 집중 공략하는 고급화 정책 외에도 현지인 입맛을 따라잡는 대중화 전략도 적절히 구사한다는 전략으로 신라면 이외에도 김치라면과 상하이탕면(上海湯麵) 등 새로운 제품 개발과 마케팅에 상당한 노력을 기울이고 있다.

성공 포인트 ─────────────────────

1) 차별화된 맛

농심은 중국에도 매운맛을 즐기는 틈새 소비자가 있음을 놓치지 않았다. 해외 진출 지역에서 표준화 전략을 펼칠 것인지, 현지화 전략을 펼칠 것인지는 항상 따라다니는 선택의 문제이다. 매운맛이라는 특징을 변형시키지 않고 그대로 밀고 나간 표준화 전략이 신라면의 성공 요인이었다는 데 이의를 제기하는 사람은 없다.

즉, 신라면의 가장 큰 경쟁력은 매운맛이며, 이를 중국 소비자의 입맛에 맞게 바꾸기보다 오히려 소비자가 제품에 입맛을 맞출 수 있도록 관념의 변화를 유발하는 마케팅 전략을 펼쳤다는 점이다. 매운맛을 선호하지 않는 중국 소비자를 대상으로 '매운 걸 못 먹으면 사나이 대장부가 아니다.'는 마케팅으로 소비자의 감성을 자극하였다. 매운맛이라는 불리한 조건을 역으로 활용하여 중국 및 타이완의 경쟁업체들의 아성을 무너뜨리고 새로운 강자로 부상한 것이다.

중국의 라면은 일반적으로 한국의 라면에 비하여 맵지 않은 대신에 기름기가 많고 다소 느끼하며, 끓이는 봉지라면보다는 용기라면이 시장의 대부분을 차지하고 있었다. 신라면은 맛과 포장에 있어서 기존 제품과 상당한 차이가 있어 시장 진입 초기에 다소 어려움을 겪었다. 기존의 틀을 깬다는 것은 항상 아픔을 동반한다. 중국과 타이완의 라면업체가 이미 시장의 대부분을 점유하고 있는 가운데 이들과 차별화하지 않고는 시장 개척이 쉽지 않은 상황이었다.

2) 고급 라면 이미지

농심은 초기 포지셔닝 전략으로 대도시 중산층 이상을 주 소비 대상으로 삼아 가격을 시장 최고 수준으로 정하였다. 중국 시장에서 팔리는 라면의 평균 가격이 1~2위안(150~300원)인데 반해 신라면의 경우 2.8위안(400원)에 팔리고 있다. 출시 초기에는 판매에 어려움이 예상되었으나, 중국의 경제가 성장함에 따라 고급 제품의 소비가 늘어갈 것으로 예측하고 채택한 전략이었다.

1998년에 이미 고급 라면의 시장 점유율이 10퍼센트 이상 되는 것만 보아도 당시의 고가 전략이 주효하였음을 알 수 있다. 라면시장의 고급화가 급속히 진행되는 추세를 감안하면 농심의 시장 점유율은 향후 밝다고 할 수 있다.

3) 독특한 광고 전략

농심은 중국에서 런칭에 성공하자 곧바로 독특한 광고 전략을 수립한다. 그것은 1999년 세계 유일의 국가 대항 단체전 바둑대회인 '농심 신라면배 세계바둑 최강전'을 창설한 일이다. 중국은 바둑의 종주국이라는 자부심이 대단한 나라이다. 일본 또한 바둑 인구가 많은 국가로 라면의 최대 소비국이다. 이 대회는 1999년에 시작되어 매년 1회 열린다. 농심은 신라면배 세계 바둑대회를 통해 투자액의 수십 배에 가까운 광고 효과를 거둔 것으로 평가받고 있다. 라면의 세계 최대 소비국인 중국, 일본, 한국에서 동시에 3마리 토끼를 잡는 격인 이 바둑대회는 신라면의 지명도를 수직 상승시키는 데 결정적인 역할을 하였다.

중국인들은 근본적으로 매운 음식이 몸에 좋지 않다는 생각을 가지고 있다. 사천성(四川省)등 일부 지역을 제외하고는 매운맛을 그다지 좋아하지 않는다. 이러한 경향은 남쪽으로 가면 갈수록 심하다. 그것은 남쪽 지방이 덥기 때문에 매운 음식을 먹고 나면 땀이 나는 것과 관련이 있다. 그리고 중국에 라면이 소개될 당시만 하여도 라면은 '뜨거운 물을 약간 부어 간단히 먹는 면' 정도로 인식하고 있었기 때문에 물을 끓여서 삶아 먹는 봉지라면에 대해서는 귀찮게 여기는 성향이 많았다. 그래서 진출 초기 중국인들의 이러한 고정관념을 깨뜨리기 위하여 다양한 광고 전략을 펼쳤고, 이러한 인식 변화 프로그램은 아직까지 진행형이다.

중국의 주요 7개 도시 -베이징, 상하이, 선양, 톈진, 광저우, 홍콩, 칭다오- 에 하루 3회 TV 광고를 실시하며, 동시에 버스 광고도 실시하는 등 광고 문안이나 내용도 현지화에 초점을 두고 있다. 대형 할인매장이나 유동 인구가 많은 곳에서는 신라면 시식회를 개최한다. 매운맛 길들이기와 매운맛 보기 행사는 소비자와 회사가 직접 만나는 접점 역할을 하면서 현지인들에게 친숙한 이미지를 전달하는 데 크게 공헌하였다.

또한, 사천성 출신인 덩샤오핑의 말을 패러디한 '매운 것을 못 먹으면 사나이 대장부가 아니다'라는 광고 문구를 활용한 것과 중국의 대표적인 프로축구 감독을 모델로 기용하여 광고 효과를 극대화하는 전략은 상당한 호응을 얻었다.

4) 현금 위주의 거래

중국의 유통 분야는 복잡하지는 않지만, 신뢰성에 문제가 많다. 다른 말로 표현하면 물건을 팔고 판매 대금을 회수하기가 쉽지 않다는 이야기이다. 사업에서 가장 중요한 것 중의 하나가 신용인데, 신용이 확보되지 않는 상황에서 유통 경로를 구축한다는 것은 상당한 난이도의 업무 영역이다.

농심은 사업 준비 단계에서 중국 특유의 상거래 관습과 유통업체에 대한 다양한 정보를 확보하고 사업을 추진하였다. 물론 한국에서 수십 년간 유통 분야에서 쌓은 노하우도 도움이 되었다.

중국 농심은 지역적 물류 전략을 사용하고 있다. 법인과 생산 공장을 중국의 주요 도시 중심으로 건설하고, 주요 도시 내에서는 대형 유통업체 위주로 시장을 공략하는 전략을 펼치고 있다. 주요 도시 이외의 지역에 대해서는 대리점을 개설하여 유통망을 운영하는 시스템을 채택하고 있다.

널리 알려진 대로 중국 사업에서 가장 중요한 것은 많이 팔고 제때에 수금하는 일이다. 농심은 사업 초기부터 철저하게 현금 위주로 거래하는 관행을 정착시키고 있다. 물론 물건이 딸려서 공급을 늘리기 위하여 현금을 요구한 측면도 있긴 하지만, 중국 상인의 외상거래 구조의 심각성과 폐해를 미리 파악하고 있었기 때문이다.

5) 철저한 시장 조사

농심은 중국 진출 이전에 한국에서 생산된 제품으로 중국 내수시장에 대한 시장 조사를 철저히 하였다. 세계의 공장으로 중국이 부상하자 중국에도 중산층이 형성되기 시작하였다. 외국에서 흘러 들어오는 상품에 대한 동경과 신뢰가 생기기 시작하고 새로운 것에 대한 욕구가 강하게 일어나는 시점과 농심의 중국 진출은 시기적으로 일치한다. 농심이 생산 설비를 가동할 무렵에는 상하이를 중심으로 대형 유통점들이 생겨나기 시작하던 때이다.

구매력 있는 소비자들이 형성되기 시작한 것과, 비용을 거의 들이지 않고 상품을 효율적으로 유통시킬 수 있는 환경이 조성된 것도 농심에게는 상당히 유리한 조건이었다. 이러한 주변 환경도 사전에 철저한 시장 조사와 상권 분석 등이 선행되었기 때문에 기회를 잡을 수 있었다. '준비하고, 준비하고, 그리고 또 준비하라!' 중국 사업에서의 성공은 진출하기 전에 얼마나 준비하였느냐에 달려 있다.

틈새를 공략하여
확장하라
−경동보일러

베이징 공항에서 빠져 나와 서북쪽으로 10분 정도 달리면 '푸라이지아(福來家: 복이 집으로 들어온다는 의미)' 라는 커다란 광고판이 마중을 한다. 바로 '베이징 경동보일러' 의 간판이다. 회사의 중국식 명칭은 '베이징 경동보일러유한공사(北京慶東鍋爐有限公司)' 이다. 베이징 경동보일러는 한국 경동보일러의 100퍼센트 단독 투자 기업으로, 1995년 4월 설립되었다.

경동보일러는 1993년 '베이징 경동보일러유한공사' 를 설립하기 전에 먼저 한국과의 교류가 많고 조선족 밀집 지역인 옌볜(延邊)에 진출하여 중국 시장에 첫 발을 들여놓았다. 진출 당시만 하여도 중국의 보일러 관련 법규나 세법, 그리고 관세법 등에 대한 충분한 정보와 자료가 전무한 상태라 중국 시장을 탐색하면서 본격적인 진출에 대비하기 위한 포석이었다. 투자액도 20만 달러로 실패하더라도 회사에 큰 영향을 미치지 않는 범위로 한정하였다. 옌볜 등의 동북 지방은 겨울이 상당히 길어 보일러가 생활의 필수품이다. 그리고 난방 방식이 한국과 유사하다는 점도 이곳을 선정한 이유 중의 하나였다. 1993년 진출 초기만 하여도 동북 지방은 석탄을 보일러 연료로 사용하고 있었다.

경동보일러는 중국의 개혁개방이 진전되면 머지않아 석탄이 기름과 가스보일러로 대체될 것임을 확신하고 비교적 적은 자본을 투자하여 중국 시장에 대한 시장 조사와 연구를 위하여 진입 장벽이 비교적 낮은 지역을 선택한 것이다. 물론 시장 환경과 시공상의 문제점 등 중국에 맞는 기술을 개발하는 것도 중요한 목적이었다.

어떤 기업이든 해외에서 사업을 새로 시작한다는 것은 쉬운 일이 아니다. 경동보일러가 중국에 진출할 때만 하여도 아직 수교 전이라 한국 기업들이 많이 진출해 있지 않았을 때이다. 기업이 해외에 진출할 때 가장 먼저 극복해야 하는 문제는 문화와 언어의 문제인데, 옌벤은 조선족이 가장 많이 사는 조선족 자치주이다. 따라서 문화와 언어의 장벽을 어렵지 않게 해결할 수 있었다. 이 점도 진출 지역 선정에 고려되었음은 물론이다.

동북 지방 기후의 특징은 겨울이 상당히 길고 추운 날씨가 계속된다는 것이다. 공장, 사무실, 가정 등 어디를 가더라도 보일러는 필수품이다. 진출 당시 중국은 대부분 석탄 보일러였다. 열효율이 적을 뿐만 아니라 보일러의 수명도 짧아 경제가 성장할수록 기름이나 가스보일러의 시장이 빠르게 확대되리라는 것을 확신하였다. 진출 지역에 거대한 잠재시장이 존재한다는 것은 커다란 축복이 아닐 수 없다.

경동보일러는 서구의 선진 보일러업체가 진출해 있지 않고, 조선족들의 거주가 밀집된 동북 지역을 선점함으로써 장기적으로 다양한 마케팅 이점을 누릴 수 있었다. 진출 초기에 현지에 맞는 보일러를 개발하여 중국 시장에 출시하였다. 그리고 현지의 정부 관계자들과 건설업계의 유력한 인사들과 친밀한 꽌시를 맺어가며 한국형 바닥 난방에 대한 장점과 효율성을 내세우는 엔지니어링 영업으로 시장 진출을 시도하였다. 물론 초기에는 적지 않은 거부감이 있었으나 한번 써 보고 체험한 사람들에 의한 구전 효과가 퍼져나가기 시작하자 주문이 쇄도하기 시작하였다. 또한, 대형 보일러가 아닌 중소형 보일러로 타깃을 맞춘 것도 초기 시장 진입에 큰 기여를 하였다.

경동보일러는 석탄 위주의 난방 문화를 기름 및 가스로 전환시키기 위해서는 전국 규모의 대리점 망을 조직해야 한다는 판단 아래, 옌벤은 지역 거점으로 남겨두고 베이징에 생산 거점과 마케팅 전략 센터를 설립하였다.

베이징은 전국으로 통하는 철도와 고속도로가 잘 정비되어 있고, 인접 지역인 톈진에 항구가 있어 교통과 물류 문제를 한번에 해결할 수 있었다. 물론 베이징과 톈진이라는 거대 시장이 있다는 것도 베이징을 생산과 마케팅 거점으로 택하게 된 이유이다.

베이징에 현지 공장을 세우기 전에 먼저 조립 공장을 지어 운영하면서 토지를 매입하고 공장을 설립하였다. 조립 생산을 하면서 한편으로는 공장을 지음으로써 공장 준공 후 겪게 되는 시행착오를 최소화하였다. 이렇게 함으로써 짧은 기간 내에 비약적으로 발전할 수 있는 기틀을 마련한 것이다.

1) 중국 통의 존재

중국 사업에서 성공하는 회사들의 공통점을 살펴보면 하나같이 중국을 잘 아는 중국 통들이 있다는 것이다. 베이징 경동보일러도 예외는 아니다. 조승규 전무는 자타가 공인하는 중국 전문가이다. 조 전무는 1988년부터 입지 선정을 위해 여러 지역을 다니면서 시장 조사를 실시하였다.

또한, 베이징 경동보일러 하면 빼놓을 수 없는 인물이 총경리(중국 기업에서 경영 책임자급 직책) 박용희 씨이다. 중국어 구사 능력은 중국인들과 구별이 되지 않을 정도로 유창하며, 중국의 외자관련기업법과 공상, 행정, 세무 관련법규에도 능통하다.

박용희 씨는 베이징에 진출한 우리 기업들에게 주기적으로 투자 관련 전략과 실무를 강의할 정도로 중국의 여러 법규에 통달해 있다. 베이징의 공장 부지도 중국 정부 내에 다양한 인맥을 가진 박 씨가 중국 측과 협상하여 아주 저렴한 가격으로 인수하였다. 경동보일러는 베이징 지역의 투자 기업 중에서 토지 매입 성공 사례로 소개되고 있다.

2) 세계 최고 수준의 기술력

경동보일러의 또 하나의 성공 요인은 기술력이다. 한국에서 피 말리는 기술 경쟁에서 생존한 기술이 있었기 때문에 가능하였다. 열효율이 뛰어나고 소음이 적고 설치가 간편하여 상당한 인기를 끌고 있다. 기술력의 확보 없이는 전 세계의 유수한 업체들이 몰려와 경쟁을 벌이는 전장에서 시장 점유율 1위는 불가능하다. 지금은 냉장고보다도 더 조용한 보일러를 개발하여 중국 시장 석권을 노리고 있다.

3) 전국적인 대리점 망 구축

중국 내수시장은 선진국의 다국적기업과 중국의 현지기업의 양면 공격을 받으며 전진해야 하는 삼중고의 어려움이 따르는 시장이다. 베이징 경동보일러는 이탈리아의 이머가스(IMMERGAS)사와 중국 내수시장을 놓고 한판 격전을 벌이고 있다. 또한, 하이어(HAIER)사와 OEM 전략을 추진하고 있어 전망은 밝다. 중국은 무한경쟁 하에 놓여 있는 엄청난 시장이다. 따라서 중국 시장의 점령은 세계 시장의 석권을 의미하는 것이다.

경동보일러는 옌벤과 베이징에 현지법인을 설립하여 운영하고 있고, 상하이에 지사를 두고 있다. 그리고 중국 전역에 120개의 대리점을 두고 있다. 보일러는 제품의 특성상 다양한 전략이 필요하다. 중국에서 이만한 대리점을 두고 관리하는 한국 기업은 삼성과 LG전자가 있을 뿐이다.

보일러 판매에는 지방에서 영향력이 있는 인사가 개입하면 많은 도움이 된다. 보일러는 일반 제품과 달리 한 번 구매하면 장기간 사용하기 때문에 해당 지역의 영향력 있는 인사와 꽌시가 있는 사람이 대리점을 맡으면 절대적으로 유리하기 때문이다.

보일러를 판매한 후, 설치와 A/S를 본사에서 직영한다는 것은 엄청난 비용이 소요되는 일이다. 따라서 해당 지역의 대리점 망을 활용하면 이 문제를 일거에 해결할 수 있다.

그렇기 때문에 경동보일러는 전국에 산재해 있는 대리점 사장들을 모아 주기적으로 교육을 실시하고 실적이 좋은 대리점에게는 다양한 보상을 실시함으로써 상당한 호응을 얻고 있다.

4) 효율적인 브랜드 관리

경동보일러는 브랜드 전략을 잘 추진하는 업체로 알려져 있다. 특히, 기업의 브랜드 아이덴티티(Brand Identity)의 연상 이미지 개발에 성공한 것으로 평가받고 있다. 매출액의 5퍼센트 이상을 브랜드 인지도를 높이는 데 투자하고 있기 때문이다.

일찍 진출한 옌지(延吉)의 경우 '옌지역' 표지판 위에 경동보일러 광고판을 설치해 '옌지역'이 '경동역'으로 불리기도 한다.

또한, 옌벤 방송국에서 주최하는 창작동요제를 후원하고 있고, 옌벤 대학에 상당한 장학금을 지원하는 등 기업 이미지 제고를 위해 다양한 후원 활동을 하고 있다. 이처럼 현지 사회에 경동보일러를 알림으로써 효율적인 브랜드 관리를 하고 있다.

5) 인력 자원의 현지화

경동보일러는 현지인이 중국 사업의 주체라 생각하고 중국의 유명 대학에서 우수한 인재를 선발하여 중용하고 있다. 경동보일러에는 베이징 대학교, 하얼빈 공대 등 명문대학교 출신들이 적지 않다.

경동보일러도 사업 초기 생산직 현지인들의 의식 수준이 낮아 적지 않은 애를 먹었다. 회사의 공구를 가져간다거나 담배꽁초를 아무렇게나 버리는 일은 예사였다. 국영기업의 철밥통 사상이 완전히 가시지 않아 공과 사를 잘 구분하지 못하는 경우가 많았다. 작업 공구를 제자리에 놓아두지 않거나 담배꽁초를 아무데나 버리면 급여에서 공제하는 방침을 엄격하게 시행함으로써 질서 의식과 업무 태도를 완전히 바꾸는 등 직원 교육에 적지 않은 투자와 노력을 함으로써 도약을 위한 발판을 마련하였다.

경동보일러는 사내에서 교육을 많이 시키기로 유명하다. 주기적으로 직무 교육은 물론 직업관, 그리고 예절 교육 등 다양한 프로그램을 시행하고 있다. 외지에서 온 농촌 출신의 기능공도 이 공장에서 1년만 근무하면 상당한 직업관을 가진 우수한 기능공으로 성장한다.

또한, 전국적으로 퍼져 있는 대리점 사장과 그곳에 종사하는 직원들에게도 주기적으로 교육을 실시함으로써 현지화를 앞당기는 데 주력하고 있다. 인재와 원자재의 현지화 없이는 중국 공략이 불가능하다는 사실을 너무도 잘 알고 있기 때문이다. 최근에는 R&D의 현지화에도 전력하고 있어 큰 성과를 기대하고 있다.

4 최고의 서비스를 판매하라
-LG전자

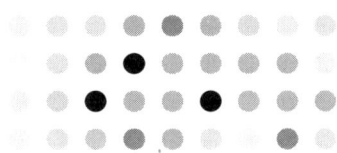

　LG전자가 중국에 진출한 것은 1993년으로 중국 진출의 역사가 그리 오래된 것은 아니다. 그러나 진출 초부터 LG전자는 '중국에서 뿌리를 내리는 글로벌 기업' 이 되겠다는 분명한 목표를 가지고 진출을 결정하였다.

　1992년 한중 수교가 이루어지자, 1993년 LG전자는 광동성 후이저우(惠州) 시 현지 기업과 합작 형태로 기업을 설립한 이래 첨단 가전제품과 정보통신 제품을 생산, 공급하는 중국의 대표적인 디지털 기업으로 성장해 왔다. 1995년 3월, LG전자 중국 지주회사가 설립된 이래 지주회사를 중심으로 20개의 생산법인을 운영하고 있다. LG전자는 중국 주요 거점 도시에 9개의 지역본부를 설립하여 직접 관리하고 있으며, 중대 규모 도시에 52개의 소(小) 지역본부를 설치하여 해당 지역에서 1위를 달성한다는 목표로 중국을 공략하고 있다.

　LG전자는 지난 10년간 평균 39퍼센트라는 놀라운 성장을 실현하였다. 2004년에는 매출액 100억 달러를 목표로 하고 있으며, 모든 법인의 흑자를 전제로 하고 있다. 전 세계의 글로벌 기업들이 피 말리는 경쟁을 하고 있는 현실을 감안한다면 참으로 놀라운 실적이 아닐 수 없다.

| 중국 진출 현황 |

1 ■ 사업 경과

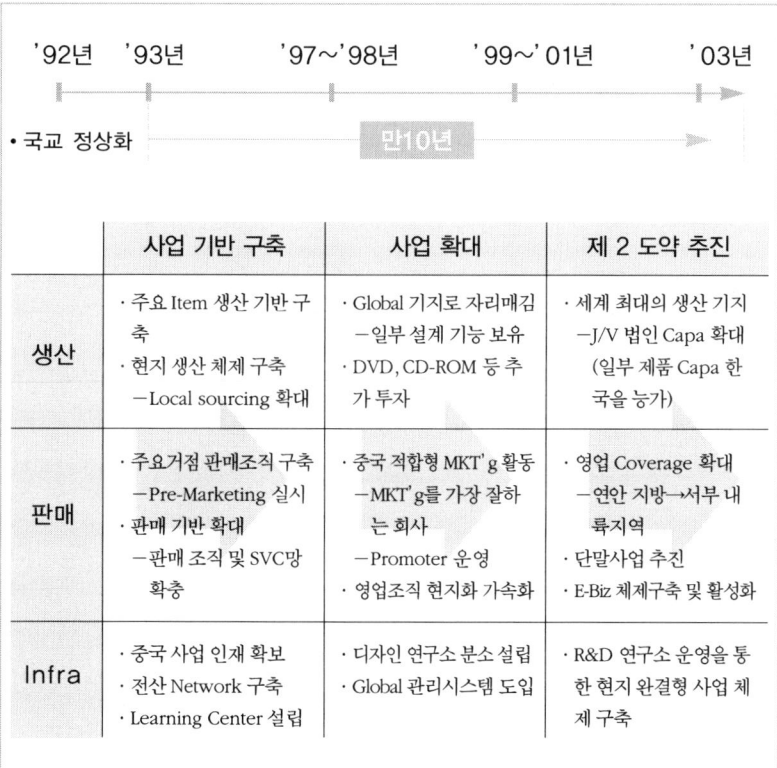

	사업 기반 구축	사업 확대	제 2 도약 추진
생산	·주요 Item 생산 기반 구축 ·현지 생산 체제 구축 　－Local sourcing 확대	·Global 기지로 자리매김 　－일부 설계 기능 보유 ·DVD, CD-ROM 등 추가 투자	·세계 최대의 생산 기지 　－J/V 법인 Capa 확대 　(일부 제품 Capa 한국을 능가)
판매	·주요거점 판매조직 구축 　－Pre-Marketing 실시 ·판매 기반 확대 　－판매 조직 및 SVC망 확충	·중국 적합형 MKT'g 활동 　－MKT'g를 가장 잘하는 회사 　－Promoter 운영 ·영업조직 현지화 가속화	·영업 Coverage 확대 　－연안 지방→서부 내륙지역 ·단말사업 추진 ·E-Biz 체제구축 및 활성화
Infra	·중국 사업 인재 확보 ·전산 Network 구축 ·Learning Center 설립	·디자인 연구소 분소 설립 ·Global 관리시스템 도입	·R&D 연구소 운영을 통한 현지 완결형 사업 체제 구축

중국의 대표적 가전업체인 하이얼의 장루이민(張瑞敏) 회장은 LG 전자를 가리켜 "중국에 진출한 외국 가전업체 중 가장 성공한 기업이다."라고 단언한다. 또, 중국 국무원 부총리 청페이옌은 "LG전자는 외국기업 중에서 성과도 좋을 뿐만 아니라 가장 친근감이 가는 기업이다."라고 칭찬한다. 중국 경제의 거물로부터 거침없는 찬사를 받는다는 것은 극히 드문 일이다.

2 ■ 사업 현황

9개의 지역본부와 52개의 小지역 본부를 설치하여 각 지역 1등 전략으로 전국을 공략하고 있다.

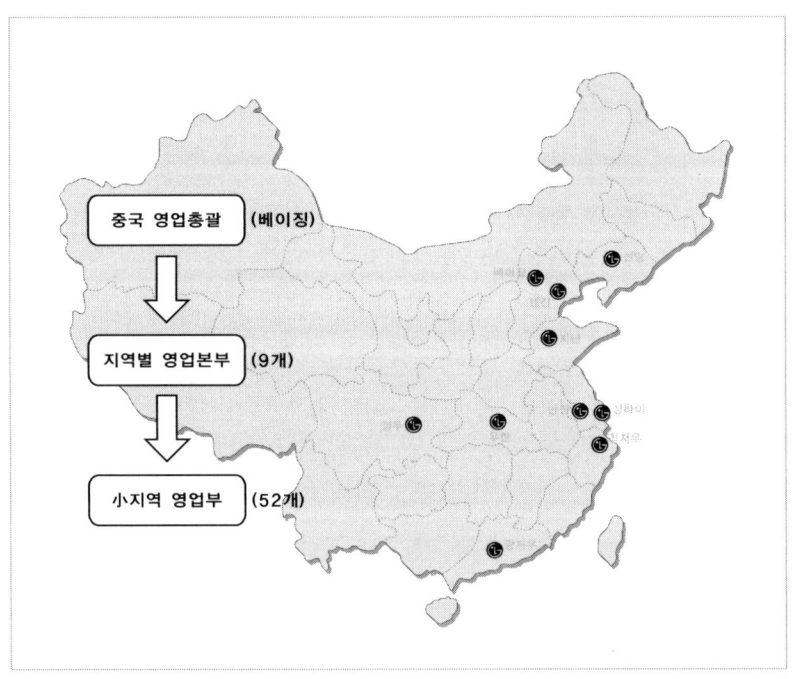

| 강력한 SVC 조직 운용 |

가전제품이 주류를 이루고 있기 때문에 SVC(고객공급가치망)는 기업 경영에 있어 상당히 중요한 요소가 된다. SVC 조직으로는 중국 지역본부 소재지에 9개의 직영점을 운영하고 있으며, 18개 CIC(고객통합관리센터)를 설치 24시간 내에 SVC를 실시하고 있다. 또한, 중국 전역에 900개의 특약점을 두고 제품 판매 및 SVC를 관리하고 있다.

SVC 조직은 9개의 직영 영업 조직과 밀접하게 연계되어 있어 실시간으로 고객으로부터 올라오는 다양한 불만과 업무를 당일 내에 처리함으로써 마케팅 활동에 전략적으로 협력하고 있다. LG전자의 SVC에 대한 중국 내 평가는 최고 수준이며 중국 현지기업의 벤치마킹 대상이 되고 있다.

| 중국 내수시장 점유율 1위가 목표 |

LG전자는 중국 내수시장에서 점유율 1위인 품목이 적지 않다. 전자레인지가 중국 시장에서 점유율 39.7퍼센트로 1위를 차지하고 있고, 광스토리지와 프로젝션 TV 역시 각각 25퍼센트와 20퍼센트로 1위를 확보하고 있다. LG전자는 2005년까지 CDMA 단말기, 세탁기, 에어컨 등 주요 제품에서 점유율 1위를 달성한다는 목표를 세워두고 있다. 후발 주자이면서 경영 자원이 풍부한 다국적기업과 중국 현지기업들과의 경쟁에서 승리하여 1위 자리를 확보한다는 일은 엄청난 노력과 역량이 없다면 불가능한 일이다.

　1999년부터 LG전자 중국 지주회사는 전 법인 흑자 달성, NDP(New Display Product: CRT 프로젝션급 이상 TV) 제품을 비롯한 프리미엄 제품 판매 확대, 단말사업의 성공적인 진입, 그리고 베이징 연구개발센터 건립 등을 통해 사업의 질적 수준도 크게 향상시켰다.

　1993~2003년은 중국 사업의 기초를 다진 10년이라면 향후 2004~2014년은 중국 내 1위 달성을 통해 최고의 글로벌 기업으로 성장하는 10년이 되겠다는 목표로 달려가고 있다.

성공 포인트

1) 디지털 기술의 핵심 역량

　21세기는 정보통신과 디지털이 인간의 생활을 지배하는 디지털 시대이다. LG전자 중국 지주회사 사장과 부회장을 역임한 노용악 상임고문은 "중국에서의 성공은 우리 사업의 종점이 아니라 세계화로 가는 일부분이다. 디지털로 성공하는 것이 도전의 핵심이다. 디지털에는 단순히 제품만이 아니라 기업의 운영, 판매 루트와 사고방식 등 여러 방면의 내용이 포함된다. 시대를 너무 앞서가는 기술은 소비자들과 거리가 멀어지고, 시대에 뒤떨어지는 제품은 생존 가치를 상실한다. LG전자는 미래의 발전 방향을 '디지털 LG'로 잡았다. 소비자들을 위해 더욱 안전하고 편리한 디지털 제품을 생산하는 데 주력할 뿐만 아니라, 인간의 건강한 생활과 안전에 기여하여 고품질의 생활을 누리도록 하는 데 우리의 모든 역량을 경주할 것이다."라고 강조한다.

2) 현지화 전략의 성공

LG전자는 자체 관리 시스템이 세계 일류라고 자부하였지만, 중국 현지의 기업 경영 환경에 적합한 현지화 전략이 성공의 관건이라고 판단하였다. 인재의 현지화, 마케팅의 현지화, 생산의 현지화, R&D의 현지화 정책을 꾸준히 추진하였다. LG전자는 진출 목표를 중국에서 성공한 외국기업이 아닌 성공적인 중국 기업으로 성장하는 것에 두었다. 중국 현지법인의 98퍼센트가 현지인이며, 제품의 원자재에서 생산까지 완전한 현지화를 실현하였다.

인재의 현지화 전략

중국의 우수한 인재를 활용하여 중국인에 의한 중국 사업을 지향한다는 것이 인재의 현지화 전략의 핵심이다. 한국 본사에서 파견하는 직원은 가장 우수한 인재만을 골라서 2~3년 동안 잠시 주재원으로 머무르다 돌아오는 것이 아닌, 중국에서 뼈를 묻을 각오로 임할 것을 요구한다.

LG전자는 현지인이 중국 사업의 주체라는 확고한 방침을 세우고 해당 지역의 대학에서 인재를 선발하여 채용한다. LG전자의 채용 기준을 살펴보면 '외국 문물을 거부감 없이 수용하고 변화에 능동적으로 대처할 수 있는 유연한 사고를 가진 인재'이다. 일단 채용되면 업계 최고의 대우를 해주는 한편 능력 있는 사람은 과감히 발탁하여 자부심과 자존심을 세워주는 인사 정책을 시행하고 있다. 우수한 핵심 인재들은 한국 연수를 보내 모기업을 배우고 LG전자맨화 함으로써 이직을 방지하고 충성도를 높이는 전략을 실시하여 상당한 효과를 보고 있다. 그리고 한국 본사보다 더 혁신적인 인센티브 제도를 사무직에게까지 시행하고 있다. 또한, LG전자 장학 제도와 MBA 교육을 실시하여 장래 LG전자를 책임질 사관생도를 육성하는 HR 프로그램을 정착시키고 있다.

진출 초기에 중국이 독특한 사회 문화적 배경을 가진 국가임을 인식하고 철저한 현지화만이 성공의 지름길이라는 판단한 것이다. 근로자들의 대부분을 현지에서 채용함으로써 진출 지역 경제에 기여하여 현지 정부가 상당히 골머리를 앓고 있는 실업 문제를 해결해 줌으로써 호의적인 인상과 대접을 받았음은 물론이다.

또한, 한국에서 중국 현지 법인에 파견하는 사람은 능력과 도전 정신, 그리고 희생정신을 겸비한 인재를 우선적으로 파견한다. 단일 사업에 대한 충분한 지식과 해외근무 경험이 풍부하고 업무 수행 능력이 뛰어난 인재를 우선적으로 배치한다. 중국에 파견되는 인력은 건강한 체력과 승부근성을 가져야 함은 물론이다. 또한, 2배수의 중국 전문가를 확보하여 인재 풀 제도를 운영한다. 중국에서 뼈를 묻는다! 라는 신념 하에 우수 직원은 근무 연한에 구애 받지 않고 장기적으로 근무 할 수 있도록 다양한 배려를 아끼지 않는다. '중국인재개발위원회'를 운영하고 있는 점도 특별하다.

생산의 현지화
생산 요소의 현지화 없이는 피나는 원가 경쟁에서 경쟁력을 확보할 수가 없다. 대부분의 한국 기업들은 사업 초기 한국에서 수입한 부품이나 자재를 활용하여 제품을 생산한다. 이 경우 초기 시행착오를 최소화하고 품질 수준의 조기 안정에 기여하는 측면이 있으나, 현지 아웃소싱에 대한 경험 축적을 전혀 할 수 없을 뿐만 아니라 원가 경쟁력을 가지지 못하고 현지 기업은 단순 임가공 수준에 머무른다.

LG전자는 사업 초기부터 부품의 95퍼센트를 현지에서 조달하는 것을 원칙으로 하고 있다. 초기에는 엄청난 시행착오와 추가 비용, 그리고 품질에 문제가 발생하는 등 예측하지 못하였던 리스크도 발생하였다. 그러나 시행착오를 거치는 동안 아웃소싱에 대한 완벽한 노하우와 원가 경쟁력을 가지게 되었다. 이와 같은 '현지 완결형' 사업은 눈에 보이지 않는 다양한 비용을 절감할 수 있다. 또한, 새로운 사업 전개에 대한 자신감을 덤으로 얻었다는 점도 이점이다. 그리고 원가 절감과 함께 진출 지역의 경제에 기여함으로써 현지 정부와의 우호적인 관계를 극대화할 수 있다.

마케팅의 현지화

중국은 선진국처럼 세련된 시장 환경이 조성되어 있지 않다. 터프한 중국 시장에 효율적으로 진입하기 위해서는 현지에 맞는 독특한 마케팅 전략이 필요하다. 중국 시장은 선점 효과가 큰 시장이기 때문에 새로이 시장에 진입한다는 것은 상당한 어려움이 따른다. 그리고 브랜드 로열티가 낮은 지역이다.

LG전자는 경쟁력 있는 제품을 출시한다는 기본 전제 하에 5대 마케팅 전략을 전개함으로써 효율을 극대화하고 있다. 마케팅 5대 전략과제 각각에 실행과제 5개를 선정토록 하여 총 25개 실행과제를 수행하고 있다.

－중국 마케팅 전략적 목표

· 지역: 소(小)상권 1등 전략

· 제품: 프리미엄 제품의 출시

· 브랜드: 국민 브랜드화

－경쟁력 있는 제품 출시

· 가격과 품질 면에서 가장 강력한 경쟁력을 가진 제품을 가장 먼저 출시한다는 전략이다. 경쟁력의 원천은 경쟁사보다 한발 앞선 기술과 품질 우위뿐이라는 사실은 말할 필요조차 없다.

－PULL 전략

· 커뮤니케이션을 잘하는 회사: 중국은 땅이 넓고 다양한 매체가 존재하기 때문에 한정된 광고비로 효과를 극대화하기 위한 전략이 중요하다. LG전자는 직접 광고는 물론 비용이 거의 들지 않는 다양한 매체를 활용한 인터뷰 기사 게재, 대담, 뉴스 등에 등장함으로써 소비자와 커뮤니케이션을 가장 잘하는 외자기업으로 손꼽힌다.

· SVC 우수성을 마케팅 도구로 활용: 영업사원의 교육과 완벽한 매뉴얼로 단순 서비스가 아닌 고객이 감동할 수 있도록 하며, 이를 마케팅의 한 수단으로 활용하고 있다.

－PUSH 전략

· 인센티브 제도를 잘 운영하는 회사: 사회주의적인 무사안일 사

상을 배격하고 철저한 성과주의를 바탕으로 하는 인센티브 제도는 종업원과 회사 모두에게 이익을 가져다주는 제도로 정착되어 있다. 관리직에게까지 인센티브 제도를 도입함으로써 한국 본사를 놀라게 하기도 하였다.

· 프로모션을 가장 잘 운영하는 회사: 후발업체의 한계를 극복하기 위해서 고객과 마주치는 접점에서의 관리가 중요함을 인식하고 다양한 프로모터(Promoter)를 활용하고 있다.

R&D의 현지화

－중국 R&D 리소스 현황
· 한국 대비 풍부한 R&D 인력(한국보다 이공계 학사 13배 배출)
· 주요 대학에서 직접 기업을 운영(364개 대학 내 2,100여 개 기업)
· 아시아 베스트 공과대학 중 5개 랭크(한국 2개, KAIST, 포항공대)
· 연구 인력 대우 연구소 초임(한국 100, 베이징 50, 톈진 20 수준)
· 소프트웨어 개발자 임금(한국 100, 베이징 44 수준)

3) 정도 경영

LG전자는 중국 현지에서 정도 경영을 하는 것으로 이름이 나 있다. 항상 합법성에 기초하여 업무를 처리하고 편법이나 꽌시를 이용하여 업무를 처리하지 않는다. 경영에 있어 LG전자는 겸손한 자세로 당당함을 추구하는 기업이다. 노용악 전 회장은 "실력이 우리보다 떨어지는 경쟁사에게도 배울 것이 있으며 치열한 경쟁 속에서도 비굴하지 않는 당당한 자세가 필요하고 한 치의 시장 공간도 양보하지 않는 자세 또한 필요하다."라고 강조한다. 또한 "제품의 가치는 제품의 가격과 같거나 혹은 커야 하며 경쟁사를 존중하고 상호간 WIN-WIN을 실현해야 한다."는 경영 이념을 견지하고 있다.

| 인맥의 중요성과 활용 |

서양 문화는 법(法), 이(理), 정(情)의 순서를 강조하지만 중국은 정(情), 법(法), 이(理)를 강조한다. 개혁개방 실시 후 법률 제도가 날로 개선되고 있지만 전통, 인정 관계는 중국 비즈니스에서 중요한 역할을 담당하고 있으며, 꽌시는 여전히 중국 사회의 주요한 현상으로 존재하고 있다. LG전자는 중국에서 가장 두터운 인맥을 확보하고 있는 기업으로 널리 알려져 있다. 지주회사 회장이나 부회장이 현지법인이 있는 성(省)이나 도시를 방문하면 성장이나 시장이 직접 마중을 나온다.

중국에서 꽌시를 맺는다는 것은 쉬운 것 같지만 어려운 일이다. 진심이 서로 통해야 하는 일이기 때문에 시간과 공을 많이 들여야 하고 무엇보다도 인격을 갖추고 있지 않으면 불가능한 일이다.

| LG전자의 비전 |

1 ▪ 제2의 도약
중국은 현지기업이 유난히 강하고 국내외의 세계적 브랜드가 난립하고 있다. 제품 가격의 끝없는 하락 경쟁으로 진정한 고수만이 생존이 가능한 진검 승부를 벌이는 전쟁터이다. 이런 환경에서 살아남을 수 있는 유일한 길은 기술에서 역량을 쌓아 승부를 거는 수밖에 없다. 중국에서 제2의 도약을 위해 LG전자는 기존의 가전산업에서 쌓은 경험과 판매 채널을 정보통신사업에서 활용한다는 전략을 세워놓고 있다. 디지털로 무장된 프리미엄 제품으로 브랜드 포지셔닝을 확고히 한다는 것이다.

정보통신 분야에서 LG전자는 다른 업체에 비하여 진출이 늦은 편이다. 그러나 연통의 CDMA망 구축은 LG전자의 통신사업에 새로운 사업 기회를 마련해 주고 있다. LG전자는 CDMA의 원조로서 세계에서 최초로 CDMA 기술을 상용화한 업체다. LG전자정보통신은 이미 1995년 중국에 진출해서 광저우에 WLL 생산법인, 낭차오(浪潮)와 합자하여 옌타이(煙臺)에 CDMA 단말기 생산법인을 설립하였으며 2002년부터 본격적으로 통신 시장에 진출해 있다. 가전제품의 성공에 뒤이어 통신사업에서도 LG전자의 실력을 과시하고 위상을 높이려는 의지를 엿볼 수 있다. 지난 몇 년간에 걸친 가격 전쟁에서 많은 가전 기업들은 큰 타격을 받았다. 이런 심각한 상황에서 LG전자는 타깃을 분명하게 설정하고 차별화된 제품, 앞선 기술과 마케팅 활동으로 브랜드 로열티를 제고함으로써 치열한 경쟁에서 우위를 확보할 수 있었다.

2 ■ 모든 현지법인의 흑자 전환

중국에 진출한 10여 개의 모든 현지법인이 모두 이익을 낸다는 것은 경쟁이 치열한 중국의 현실을 아는 사람이라면 당연히 불가능하고 말할 것이다. 그러나 불가능하게 보이는 일이 LG전자에서 실제로 일어나고 있다. LG전자는 중국 진출 초기부터 '중국에서 성공한 외국 기업이 아닌 중국 기업으로 성공한다.' 는 분명한 철학을 바탕으로 '4대 현지화', 즉 생산의 현지화, 제품의 현지화, 인재의 현지화, R&D의 현지화 전략을 확립하고 하나하나 실천해 나가고 있다.

LG전자는 여러 업종과 지역에 걸쳐 복수의 기업을 설립한 다음 공통된 전략 목표를 가졌다. 각지에 산재한 공장을 유기적으로 연계시키고 원가를 낮추고 영업의 효율을 최대한 발휘하기 위해서 현지화 전략을 채택하지 않을 수 없었던 것이다.

호남성(胡南省) 창사(長沙) 브라운관 공장 설립에 이어 선양(瀋陽)에는 CTV 공장, 난징(南京) 모니터 공장을 설립하여 부품의 현지 조달의 비율을 높이고 중국 내 현지 경영 자원의 공유, 생산 공정의 수직 계열화, 부품의 표준화 등을 통하여 제품의 경쟁률을 높이는 것이다.

현재 베이징, 상하이, 난징, 톈진, 선양 등 중국의 10개 도시에 설립된 공장에 필요한 부품은 중국 내에서 자급자족하는 시스템을 구축하고 있다. 제품은 현지인들에 의해 디자인에서 기능에 이르기까지 과학적인 시장 조사를 실시한다. 현지인들의 손을 거침으로써 중국 소비자들의 소비문화에 대한 심도 있는 이해가 이루어지고 곧바로 제품에 반영되는 시스템이 가동되고 있다.

중국에 건설된 생산법인은 생산 개시 2년 차부터는 대부분 이익을 실현하고 있다. 놀라운 일이 아닐 수 없다. 이것은 LG전자가 투자 전에 얼마나 심혈을 기울였는지 알 수 있는 대목이다. 중국에 진출한 세계적인 다국적기업일지라도 곧바로 이익을 실현하는 기업은 극히 드

물다. LG전자는 2000년을 넘어서면서 중국에 진출한 생산법인 대부분이 흑자로 전환되는 놀라운 성과를 보이고 있다.

LG전자가 중국의 거점 도시에 생산법인을 설립하는 선택과 집중 전략을 구사하는 배경을 살펴보면 다음과 같다.

첫째, 중국이 지역적으로 광범위하여 단일 공장으로는 여러 계층의 소비자들의 욕구를 충족시킬 수가 없다.

둘째, 중국의 수송, 물류 인프라 시설이 열악하여 대도시 주변에 생산 기지를 구축하고 점차 다각화해 나갈 필요성이 있다.

셋째, 중국은 1980년대의 지방 분권화 정책 이후, 시장이 세분화되어 가는 특성을 나타내고 있다. 따라서 생산과 판매의 거점 확보, 경쟁 우위 확보, 표적시장의 선점과 관련하여 매우 치열한 경쟁을 벌이고 있어 거점 도시를 선점하는 것이 전략적으로 유리하다.

넷째, 진입 초기에 특정 대도시 근처에 생산, 판매 거점을 구축한 기업이라 할지라도 타 지역으로 판매 확대를 추구할 경우에는 다(多) 공장 체제 구축이 필요하다. 이 같은 시장 특성을 정확히 파악하고 '선택과 집중'의 전략으로 동북(東北), 서북(西北), 화북(華北), 화동(華東), 화남(華南) 등 지역의 성 소재지나 핵심 도시에 생산법인을 설립 운영한다.

3 ■ 이익의 사회 환원

LG전자는 '사회에서 번 것은 사회를 위해서 사용한다(取之于社會 用之于社會)'라는 중국의 기업에서는 보기 드문 덕목을 실천하는 기업으로 현지에서 널리 알려져 있다. 이것은 기업의 이미지뿐만 아니라 한국의 국가 이미지 향상에도 큰 몫을 해내고 있다. 단기적인 기업의 이익만을 추구하지 않고 현지 사회에 기여하면서 동반 성장하는 것이 궁극적으로 큰 성공으로 이어진다는 LG전자의 철학은 중국인들에게 잔잔한 감동을 주고 있다.

이러한 노력은 중국의 신문과 언론매체를 통하여 널리 알려진 사실이다. LG전자의 이러한 활발한 사회 활동과 공익 활동은 '기업 시민'의 역할을 보여주는 것으로 직간접적으로 민간 외교 활동의 일익을 담당하고 있다. LG전자가 중국에 기여하고 있는 구체적 사례들을 살펴보면 중국 빈곤 지역의 교육 환경을 개선하기 위해 LG전자는 선양에 'LG전자 초등학교', 'LG전자 중학교', 'LG전자 CTV촌'을 설립하여 지원하고 있다. 그리고 매년 어린이날이면 농촌 지역의 학생들을 LG전자 공장으로 초청하여 현대 과학기술의 중요성을 체험하게 한다. 그리고 1998년 중국에 대홍수가 나서 엄청난 피해를 입었을 때 홍수 방지의 제1선에 나선 것은 중국의 군인들이었다. 군인들의 인민들을 위한 숭고한 애국심을 높이 평가하여 그 정신을 기리는 뜻으로 TV를 기증하여 전국적으로 박수를 받은 일도 있다.

작년 사스(SARS) 사태를 겪는 동안 중국은 세계무대에서 고립되는 듯한 분위기였다. 중국 주재원들은 본국으로 돌아가고 공장은 생산라인을 폐쇄하고 죽음의 공포가 엄습해 오는 가운데서도 LG전자는 전혀 동요 없이 회사를 비상 가동시키면서 사스 퇴치에 발 벗고 나섰다.

중국 정부와 국민들에게 죽음 앞에서도 굴하지 않고 의리를 지키는 자세를 보여줌으로써 LG전자는 중국인의 진정한 친구라는 느낌을 강하게 심어줄 수 있었다. 현지 최고 경영자의 기업관과 가치관이 드러나는 사건이라 아니할 수 없다.

중국에서 사업을 하려면 '중국과 중국인을 사랑해야 한다.'고 말한다. 그러나 그것을 현실에서 실천하는 것은 쉬운 일이 아니다. 진실된 마음이 아니고서는 어림없는 일이다. 하지만 중국인들은 좀 더 유별난 데가 있다. 그들은 쉽게 누군가를 친구로 부르지는 않지만 그들에게 깊은 관심을 가진 사람들에게는 그 이상의 애정을 보내준다.

모든 일에 조급함이 없는 중국인들과 빨리 빨리를 외치는 우리가 그들과 친구가 된다는 것은 생각처럼 간단한 일이 아니다. 왜냐하면 그들은 친구를 만드는 데 서두르지 않기 때문이다. 그들은 천천히, 아주 오랫동안에 걸쳐 조용히 우정을 나누면서 신뢰를 축적한다. 친구의 정을 쌓는 데 많은 시간과 노력, 정성이 필요하다는 이야기이다.

〈2003년 갑작스럽게 시작된 사스는 기업들에게 큰 고비였다. 노용악은 사스가 가장 심각하였던 시기도 베이징을 떠나지 않고 직원들과 함께 근무하였고 승용차에는 'I LOVE CHINA'를 부착해 '사스 스타'로 불렸다.

사스 사태 동안, LG전자의 모든 법인은 생산을 중단하지 않았다. 4월 30일 상하이 법인은 법인 설립 후 DVD 1000만 대 생산 목표를 달성하였고, 5월 8일 선양 TV 법인은 2기 확대 건설 기공식을 가져 중국 시장에 대한 변함없는 확신을 보였다.

60세의 노용악은 자상한 강경파이다. CNN에서는 '도전적인, 진취적인 CEO'로, 중국 언론에서는 사스 사태 동안 중국 국민들로부터 가장 영향력 있는 기업인으로 평가받았다. 최근 LG전자는 인터

브랜드사로부터 아세아 지역에서 가장 영향력 있는 브랜드로 선정되었고, 2003년 상반기 전체 실적이 지난해 대비 30퍼센트 신장하는 좋은 성과를 이루어 냈다.〉 - 신문기사 발췌

노용악 전 회장의 중국 사업 10계명과 조언

1. 단기적인 사업 접근 장기적인 관점에서 사업을 운영하라
2. 한국 기업 독단적으로 좋은 합작 파트너를 찾고, 관계를 유지하라
3. 중국에서 생산만 사업 현지화를 적극 추진하라
4. 중저가 제품이 승산 있다 최고의 제품과 서비스로 승부하라
5. 한국의 마케팅 기법 도입 중국에 맞는 독특한 마케팅을 개발하라
6. 도매상을 이용하면 쉽다 소비자와의 커뮤니케이션을 강화하라
7. 중국에선 꽌시면 다 된다 꽌시에 모든 것을 의존하지 마라
8. 최고 인재는 선진국으로 회사 내 최고 인재를 파견하라
9. 중국 직원은 부리는 사람 중국 직원을 동반자로 생각하라
10. 나는 사장, 시키면 된다 솔선수범하고, 희생정신을 가져라

"서양의 시각으로 중국을 이해하지 마라."
"중국을 하나로 보지 마라. 중앙정부와 지방정부는 하나가 아니다."
"꽌시를 이해하고, 이를 활용하라."
"중국을 현재의 모습이 아닌 미래를 보고 의사 결정하라."

차별화로 고객의 마음을 사로 잡아라
-이마트

    현재 중국에는 1995년 진출한 프랑스의 까르푸가 48개의 매장을 주요 도시에 개설하여 할인점의 선두주자로 시장을 주도하고 있다. 그리고 미국의 월마트(39개)와 메트로(21개)가 맹추격을 벌이는 등 다국적 유통업체들의 전쟁터가 되고 있다.

    중국은 소매 유통시장에서 시장 규모가 일본에 이어 아시아에서 두 번째를 기록할 만큼 가파른 성장을 거듭하고 있다. 상하이에만 도 이마트(2개점)를 비롯하여 프랑스의 까르푸(6개), 타이완 계열의 RT마트(3개), 하이몰(8개), 트러스트몰(5개), 메트로(4개), 로터스(9개), 오샨(2개) 등 해외업체 38개점이 진출해 있다. 그리고 현지의 5개 업체 27개점이 가세하여 피나는 경쟁을 벌이는 지역이다.

    상하이는 이미 할인매장이 포화 상태라고 할 수 있으나 상하이가 가지는 상징성으로 인하여 중국에 진출하는 유통업체들은 상하이에서 먼저 개점하여 경험을 쌓으려 하고 있어 매장은 지속적으로 증가하고 있다. 상하이에서 생존할 수 있는 경쟁력이라면 다른 지역에서도 승산이 있다고 판단하는 것 같다. 이마트의 시장 확대는 중국에 진출한 한국의 중소 가공업체와 생활용품 생산업체들에게는 판매 창구가 늘어날 수 있다는 점에서 특히 환영할 만한 일이다.

이마트는 지난 2004년 6월 말 2호점인 루이훙(瑞虹)점을 오픈하였다. 이번에 문을 연 루이훙점은 매장 면적 2300평에 지하 1, 2층 규모이며 주변의 인구 15만 명을 비롯해 상권 규모가 60만 명에 이르는 등 신흥 상권으로 평가받고 있는 지역의 중심에 위치하고 있다. 국내 할인점 경쟁에서 선두를 달리고 있는 이마트는 중국의 지우바이 그룹과의 합자로 97년 2월 상하이 1호점인 취양(曲陽)점을 개설한 이후 7년 만에 2호점을 열게 된 것이다. 그리고 올해 12월에는 상하이 3호점인 상하이 인뚜(銀都)점을 오픈할 예정이다.

7년 전 이마트가 상하이에 진출할 당시 한국 기업으로는 최초로 중국 유통업에 진출하는 일이라 많은 관심을 모았다. 중국 진출 7년이 지난 지금 상하이 이마트의 성적표는 합격점을 넘어서고 있다. 내년에는 톈진 지역에 2개의 매장을 개설할 예정이며 베이징, 칭다오, 난징, 쑤저우, 항저우, 충칭 등에도 거점을 확대하고자 현지 조사를 진행시키고 있다.

2012년까지는 중국 전역에 최소 총 50개의 점포를 개설하여 까르푸와 월마트에 어깨를 나란히 한다는 전략이다. 이를 바탕으로 2012년에는 중국 시장 매출액 3조 원과 시장 점유율 3위를 달성한다는 계획이다. 상하이의 이마트 1호점을 가동시키면서 얻은 자신감으로 이제 중국 내수 유통시장 공략에 본격적으로 뛰어들고 있는 것이다. 상하이 안테나숍의 역할은 성공적으로 끝났다고 보는 것이다.

이마트의 중국 이름은 '리마이더(利買得)'다. 사면 살수록 이득을 본다는 뜻이다. 이마트가 지난해 달성한 매출액은 약 430억 원이다. 한국 물가 수준으로 환산하면 약 1,300억 원의 매출액에 해당된다. 점포당 매출 면에서 500억 원인 까르푸에 약간 뒤지지만 월마트의 330억 원보다는 앞서고 있다. 짧은 기간에 선발 진입자들과 경쟁하여 자기 색깔을 가진 품목과 전략으로 이만한 실적을 거두었다는 것은 놀랄 만한 성공이다.

지금은 중국 내 6위권이자 상하이의 최대 부동산 기업인 뤼띠지투안(綠地)그룹과의 전략적 제휴를 통해 출점 부지를 공동 개발하기로 하는 등 상하이 지역에서 당초 계획보다 단기간에 다점포망을 구축할 수 있는 기반을 조성하였다. 이마트는 이미 뤼띠지투안 그룹을 통하여 수십 개의 점포 부지를 확보하였다고 알려지고 있어 앞으로 급속한 성장이 기대된다. 그리고 신선 식품에 강한 노하우를 가지고 있는 것도 경쟁업체에 비하여 향후 발전 가능성이 높다 하겠다.

최근 중국이 유통시장 개방을 확대하고 있어 먼저 노하우를 쌓은 이마트가 중국 시장에서는 한국의 어느 할인점보다 유리한 고지에 있다. 다만 엄청난 역량을 가지고 이미 30~40개의 점포를 거느리고 있는 다국적기업 까르푸와 월마트의 두꺼운 벽을 넘어야 한다는 숙제를 안고 있기는 하다.

2005년 중국 유통시장 규모는 한화로 약 900조 원에 달할 것으로 보인다. 한국의 180조 원에 비하면 5배가 되는 수치이다. 엄청난 속도로 시장 규모가 팽창하고 있어 성장 가능성은 무궁무진하다. 그리고 중국은 한국 이마트에 상품을 공급하는 글로벌 소싱 역할도 톡톡히 하고 있다. 2002년 이마트에서 팔린 중국 상품은 약 4억 달러로 전체 매출액 6.8퍼센트에 해당하는 규모이다. 앞으로의 중국 상품 비중은 더욱 늘어날 전망이다. 중국 이마트가 한국 본사의 중국 상품 현지 소싱업체로서의 역할을 할 수 있다는 것은 한국 이마트에게도 커다란 원군이다.

| 상하이 이마트의 경영 이념 |

겸허(謙虛) - 중국인들을 절대 낮춰 보지 말아야 한다.

신독(身讀) - 스스로에게 엄격한 잣대를 적용하라.

내심(內心) - 성급히 결과를 바라기보다 참고 인내해야 좋은 결과가 나온다.

용기(勇氣) - 실패를 두려워 말고 매사에 부딪혀 볼 수 있어야 한다.

과단(果斷) - 맺고 끊는 것이 확실해야 한다.

성공 포인트 ─────────────

1) 철저한 사전 준비

이마트는 중국 진출을 결정하기 전에 진출 지역의 특성은 물론 현지 소비자의 구매 패턴, 미래의 구매 패턴 변화 등 타 지역 진출 시보다 사전 관찰과 계획 수립에 더 많은 시간과 비용을 지출하였다.

중국을 하나의 거대한 시장으로 보지 않고, 진출 대상 지역에 대한 구체적인 특성을 집중 관찰하고 분석하였다. 본격적인 사업 시작에 앞서 현지 사무소를 설치하여 정보를 수집하고 분석하여 사업 시작 초기에 겪게 되는 다양한 시행착오를 최소화하는 데 진력하였던 것이다. 특히, 선발업체에 대한 철저한 분석과 차별화 방안을 고안하여 시행하였다.

해외에서 유통업으로 성공하려면 현지 소비자들의 구매 패턴과 심리를 정확하게 파악해야 한다. 현지의 문화와 언어에 대한 충분한 이해는 물론 그것을 현장에서 활용할 수 있어야 한다. 따라서 현지화 전략이 반드시 필요한 분야가 바로 유통업이다. 작은 이해 부족과 실수 하나에 따라 매출액이 영향을 받는다.

2) 고객 중심의 현지화 전략

이마트가 진출한 지역인 상하이는 외지인들이 장사하는 데 엄청난 진입 장벽이 존재하는 지역이다. 먼저 중국 현지인들에게 이마트 상하이점이 중국 기업이라는 인식을 심어주고자 하였다. 먼저 중국 현지 직원들의 인식을 바꾸고자 경영진부터 일반 직원까지 상대편의 입장에서 바라볼 수 있는 인칭의 변화를 시도하여 서로를 존중하고 이해할 수 있는 근무 분위기를 만들어 나갔다.

현지 직원을 채용할 때는 반드시 현지인 간부를 배석시켜 지원자의 자질을 파악하는 데 활용하고 있다. 한국에서 파견된 간부보다 현지인이 중국인들을 더욱 잘 파악할 수 있다는 것을 인정한 것이다.

판매 촉진책으로는 현지 소비자들의 구매 욕구를 촉진할 수 있는 다양한 형태의 유인책을 시행하여 큰 효과를 보았다. 호기심 자극을 위하여 매일 2~3개의 신상품을 구비하여 시연 판매나 시식 코너를 운영함으로써 신상품이 많다는 이미지를 심도록 하고, 먹거리에 대한 중국인들의 욕구를 자극하기 위하여 식품매장을 다양하게 특화하여 운영하였다. 상하이는 과일이나 채소류, 해산물 같은 신선류를 원거리에서 공급받는 것이 많다. 물류에 문제가 생기면 신선류 상품은 심각한 타격을 받게 되고 이것은 전체 매장의 이미지 손상에 결정적인 영향을 미친다. 이 때문에 신선류는 공급업자가 직접 공급하는 직영제를 운영함으로써 상당한 효과를 보고 있다.

또한, 한국과 달리 주로 자전거를 타고 쇼핑하는 중국인들의 구매 패턴 때문에 구매 단위가 크면 판매가 부진하다. 따라서 구매 단위를 최소화하여 낱개 판매도 가능하게 하였다.

중국에 진출한 다국적 할인점들은 자사에서 개발한 관리 운영 시스템 매뉴얼을 중시하는 스탠더드 전략을 구사한다. 이 경우 현지의 사정은 매뉴얼보다 우선할 수가 없어 현지의 현실을 즉각 반영하지 못하는 단점이 있다. 그런데 이마트는 매뉴얼보다 고객의 욕구를 가장 먼저 고려하는 고객 중시 전략을 채택하고 있다.

현대의 유통 경영에서 고객의 눈높이에 맞추는 전략이 매뉴얼에 얽매여 있는 전략보다 우수하다는 것은 두말할 필요조차 없을 뿐더러 이론적으로도 이미 검증된 것이다. 고객에게 밀착하는 현지화 전략은 이마트가 단시일에 중국인들의 가슴속에 자리 잡게 하는 결정적 요인이었다. 철저하게 중국인들의 입장에 서서, 그들의 입맛에 모든 것을 맞춘 것이다.

3) 시장 진입 방식이 주효

외자기업이 중국 투자를 결정할 시점에서 심각하게 고려하는 항목 중의 하나가 투자 형태를 어떻게 가져가야 하느냐이다. 즉, 진입 방식을 독자로 할 것인지, 혹은 합자나 합작으로 할 것인지? 어느 경우가 이 업종에 가장 유리한지? 그리고 지분 구조의 비율은 어떻게 가져가는 것이 좋은지 등으로 고민하게 된다. 이 문제는 중국 투자의 목적과 업종, 그리고 파트너의 존재 등에 의해서 영향을 받는다.

이마트는 유통업체이기 때문에 소비자와 밀접한 관계를 유지해야 하므로 합자 형태가 가장 유리할 것으로 판단하였다. 특히, 현지에서 오랫동안 사업을 해온 국영기업체와의 결합은 눈에 보이지 않는 간접적인 혜택이 수도 없이 많다. 물론 잘못 선정된 파트너는 사업 자체를 걷어야 할 정도로 심각한 위험이 되기도 한다.

이마트가 현지의 능력 있는 국영기업과 합자 관계를 맺으며 진출한 것은 탁월한 선택이었다. 중국 측은 한국의 이마트를 통하여 선진적이고 혁신적인 관리 시스템, 그리고 다양한 경영 노하우를 전수받을 수 있었고, 한국 측은 성공적으로 운영되는 한국의 이마트를 주기적으로 견학시킴으로써 한국 본사에 대한 신뢰감을 심어주어 파트너의 전향적인 협력을 이끌어낼 수 있었다.

이마트는 진출 초기 다양한 꽌시가 필요한 중국 사업의 특수한 문제들을 파트너의 도움을 받아 해결하였다. 또한, 유통 구조를 설계하고 유통 시장을 개척하는 데 상당한 도움을 받음으로써 시행착오를 최소화할 수 있었던 것이다. 이마트가 전략적으로 합자 형태로 진출함으로써 단기간에 현지에 적응하였다는 것은 진입 전략이 얼마나 중요한지를 보여주는 대표적 사례라고 할 만하다.

4) 검증된 시스템의 중국 현지 접목

이마트는 한국의 치열한 할인점 유통 경쟁에서 부동의 1위 업체이다. 즉, 유통에 대하여 핵심 역량을 확보한 기업이다. 이러한 기본기를 바탕으로 중국에서 구사 가능한 선진 유통 테크닉을 도입하고, 중국의 독특한 유통 환경에 맞게 다양한 변화를 구사하면서 접목시킨 것이 주효하였다. 중국에서 접할 수 없는 제품과 서비스를 제공함으로써 선발 주자들과 차별화하는 데 성공한 것이다.

외국의 할인매장들은 셀프 서비스 혹은 창고형이 대다수지만 이마트는 매장 분위기를 백화점식으로 환하고 고급스럽게 꾸미고, 서비스도 고급 이미지를 유지하기 위하여 A/S 네트워크를 구축하여 소비자들로부터 신뢰를 얻고 있다.

상품 구색이나 상품 가격은 할인매장답게 저렴한 한국식 할인매장의 전술을 사용하고 있다. 품목에 따라서는 고가 정책도 시행 중인데 이는 수익을 극대화하는 데 많은 기여를 하고 있다. 한국식 주차 도우미 서비스, 고객 모니터 활용 등 한국에서 이미 검증된 전략을 현지의 마케팅 환경에 접목시켜 히트시키고 있다.

중국과 한국의 교류 증대와 한류의 영향으로 한국에서 유행하는 제품은 채 1개월이 지나기도 전에 중국에서도 유행하는 패턴을 파악하고 한국산 히트 상품을 구비하여 이마트만의 상품을 제공함으로써 앞서간다는 이미지를 구축하였다.

또한, 기존의 창고형 매대 진열을 개선하여 140센티 정도의 눈높이를 낮춘 준 백화점식 매대를 설치하고 상품 매대 번호를 입구에 비치하여 넓은 매장의 역기능을 줄이는 등 고객의 눈높이에 맞추는 다양한 방안을 도입함으로써 편리함과 용이함을 동시에 만족시키고 있다.

할인점의 운영 시스템은 상당히 전문성이 요구되는 영역이다. 한국에서 이미 검증된 시스템을 현지에 맞게 도입하여 시행착오를 줄이는 것이야 말로 경쟁사가 채택하지 못하는 이마트만의 차별화된 운영 시스템이다.

- 단품 관리 시스템: 재고 관리 및 판매 관리의 효율을 높여 상품 회전율의 상승과 판매 관리 및 운영비용 절감.
- 자체 바코드 부착 및 POS(Point of Sales System: 유통관리 시스템) 시스템: 계산이 빨라 고객으로부터 많은 호응을 얻음.
- 최저가 보상제 및 100퍼센트 교환 환불 제도의 정착.
- 현지 파견 한국인의 뛰어난 중국어 실력: 한국인이 아니라 중국의 지방 사람으로 오인할 정도로 능숙하게 중국어를 구사함으로써 현지 직원들과 커뮤니케이션을 원활히 하고 고객들로부터 친근감을 유도.

5) 경쟁업체를 지속적으로 모니터링

이마트 상하이점과 가장 가까운 곳에는 까르푸가 있다. 불과 700m밖에 떨어져 있지 않은 까르푸 상하이점과는 매일 피나는 전쟁을 하고 있다. 현지의 책임자는 매일 까르푸에서 나오는 고객들의 쇼핑백을 주의 깊게 살핀다. 가격이 조금만 싸더라도 한쪽으로 쏠리는 중국인들의 독특한 구매 심리를 누구보다도 잘 알고 있기 때문이다.

바로 옆에 만만치 않은 경쟁자가 존재한다는 사실은 현지 책임자에게는 상당히 부담되는 일이지만 경쟁을 치르는 과정에서 경쟁력을 키울 수 있는 이점이 있다. 상하이 이마트는 중국에서 가장 성공한 유통업체인 까르푸를 지척에 두는 행운으로 까르푸를 능가하는 경험을 축적할 수 있었다.

6) 주기적인 이벤트 행사

중국인들은 전단을 함부로 버리지 않고 자주 활용한다. 이마트는 이를 간파하고 전단을 주기적으로 인쇄하여 꾸준히 배포한다. 또한, 중국인들이 이벤트 행사를 좋아한다는 점에 착안하여 다양한 이벤트 행사를 실시한다. 시간대별 할인 행사, 주말 특판 행사 등으로 고객들의 관심을 끌기 위해 끊임없이 노력한다.

또한, 신흥 고급 소비층을 대상으로 한 차별화 전략의 일환으로 최첨단 디지털 고급 가전과 유기농, 무공해 야채매장 등 상하이에서는 최고 수준의 선진 판매 전략을 선보이고 있다. 최근 상하이 할인점 최초로 대면 판매 화장품 코너를 설치하였다.

가장 눈길을 끄는 것은 한국의 먹거리 850종을 한곳에서 판매하는 '한국 식품 전문관'을 별도로 설치하여 한국 먹거리 특별 코너를 운영하는 것이다. 이 코너에서는 한국의 김치는 물론, 양념갈비, 떡갈비, 유자차, 고추장 등을 선보이고 있다. 한국 식품은 지난 2002년 한일 월드컵 개최로 인지도를 넓혀가다 지난해 사스 파동과 한류 열풍으로 중국인들에게 한층 인기를 끌고 있다. 또한, 이마트는 현지 업계와의 관계를 감안해 현지 직소싱 비율을 최고 30퍼센트까지 늘려나갈 방침이라고 한다.

| 유통시장 진출 전략 |

중국은 오랫동안 계획경제 하에 있었기 때문에 생산을 중시하고 유통을 경시하는 체제였다. 1992년, 중국 공산당 제14기 전국대표대회에서 중국 경제를 계획경제 체제에서 사회주의 시장경제 체제로 전환하면서 유통의 중요성이 부각되기 시작하였다. 이후 중국의 유통시장은 양적·질적으로 급속한 현대화의 길을 걷게 된다. 중국은 2001년 말 WTO에 가입하면서 1992년 이후 부분적으로 진행된 유통시장 개방을 2005년에 전면적으로 확대한다는 일정을 제시하였다.

중국의 소매업은 백화점, 슈퍼(超市), 대형 종합슈퍼, 편의점, 창고형 매장, 전문점, 전매점(專賣店: 전문 판매점), 쇼핑몰 등으로 구분된다. 중국 정부는 전통적인 지역 시장 구도를 하나의 통일된 전국 시장으로 발전시키기 위해 전국적 다점포 체제를 갖춘 '연쇄점'을 유통 체제 개혁의 주요 과제로 삼고 있다.

중국 유통시장은 오는 2007년 1월 1일부터 외국기업에 완전 개방된다. 1999년 부분 개방 이후 유통 분야의 외자유치 금액은 30억 달러를 넘어서고 있다. 이미 270여 개의 외국 합작법인들이 2,200여 개의 지점을 개설하여 치열한 경쟁을 벌이고 있다.

중국 유통업 허가 기준

구분		구법령	신법령
외국기업 신청조건	소매	· 최근 3년간 연평균 매출액 20억 달러 이상 · 최근 1년간 자산 2억 달러 이상	폐지
	도매	· 최근 3년간 연평균 매출액 25억 달러 이상 · 최근 1년간 자산 3억 달러 이상	폐지
최소 자본금	소매	· 연해 지역: 5,000만 위안 이상 · 중서부 내륙: 3,000만 위안 이상	폐지 (단, 회사법과 외국인 투자기업 납입 자본 및 투자총액 관련규정 에 부합하여야 함)
	도매	· 연해 지역: 8,000만 위안 이상 · 중서부 내륙: 6,000만 위안 이상	폐지
지분비율	소매	· 3개사 초과 합자 체인점은 중국측 지분 51% 이상(편의점, 전문점 제외) · 3개사 이하의 체인점을 소유한 합자 편의점, 전문점은 중국측 지분 51% 이상	독자 가능
	도매	· 중국측 지분 51% 이상	독자 가능
프랜 차이즈	도소매	· 연쇄점의 분점은 투자자가 직접 투자한 직 영 연쇄점에 한함	외국 유통기업은 타인에게 프랜차이즈 방식으로 점포 를 개점할 수 있음
수입규정	도소매	· 합자 상업기업의 연간 상품 수입총액은 당해 본 기업 상업 매출액의 30%를 초과하지 못함	폐지

1 ▪ 열악한 유통 인프라

중국의 유통 인프라는 시장 규모에 비하여 상당히 열악한 편이다. 높은 물류비용과 과다한 유통 단계별 비용, 전문 인력 확보 문제, 예상을 넘는 각종 관리비용뿐만 아니라 정책적 규제와 사회주의적 불확실성 등 다양한 장애 요소가 있다. 따라서 격심한 경쟁에서 살아남을

수 있는 확실한 내부 역량을 확보하고 있거나 틈새시장에서 자기만의
독특한 포지셔닝 전략을 가지고 있지 않는 한 중국에서 성공하기란
쉽지 않다.

하지만 중국 유통시장의 규모와 성장 잠재력은 엄청난 매력이다.
이러한 발전 가능성과 기회의 선점을 위하여 글로벌 유통업체들이 진
출하여 뜨거운 격전을 치르고 있는 것이다. 향후 이들의 중국에서의
성패는 시장의 변화와 고객의 특성을 제대로 파악하고 대응하는 마케
팅 역량이 결정적 열쇠가 될 것이다.

2 ▪ 유통시장의 성장과 특징

중국의 제10차 5개년 계획 기간(2001~2005) 동안의 경제 성장 목표
는 연평균 7.8퍼센트, 소비 증가율은 도시의 경우 9퍼센트이다. 중국
의 소비시장 규모는 2005년에 5조 위안(약 750조 원)으로 우리나라의
약 7배 수준이 예상된다.

중국 내수시장은 시장 경쟁과 정부 통제 등 보이지 않는 진입 장벽
이 병존하는 미성숙 시장, 시장 선점 이익이 큰 시장, 복제품 만능 시
장이 특징이다. 고객의 소비 성향은 브랜드 이미지가 중요한 선택 구
매와 과시 소비 성향이 강하고 상품 수명 사이클이 상당히 짧은 편이
다. 또한, 중국인의 특성상 관계 마케팅과 구전 마케팅의 효과가 매우
큰 시장이다.

3 ▪ 외자기업과 현지기업과의 경쟁

글로벌 다국적기업을 벤치마킹해 온 중국 현지기업들은 유통시장

이 완전 개방되기 전에 이들과 경쟁할 수 있는 역량을 확보하기 위하여 엄청난 투자를 하고 있다. 백화점 형태로 중국에 진출한 외자기업들은 대부분 고전을 면치 못하고 있다. 다만, 할인점 형태로 진입한 기업들은 외자기업들 간, 혹은 외자기업과 토종 할인점들과 무한경쟁을 벌이고 있는 추세이다. 외자기업은 대부분 적자 상태라고 보면 틀림없다. 외자기업들은 단기간의 이익보다 선점 효과와 장기적인 경험 축적을 위하여 적자를 예상하고 진입한 경우가 많다. 이미 동부 연안의 도시에는 대부분 진출해 있고, 중서부로의 서진 정책이 진행 중이다.

4 ■ 중국 유통업의 문제

중국 소매업의 향후 방향은 서비스 경쟁력이 중요한 백화점, 가격 경쟁력이 핵심인 할인점과 슈퍼, 전자 상거래와 직판을 포함한 무점포 등 3개의 업태가 주력으로 자리 잡을 것이다.

중국이 급속한 성장을 이루면서 유통 분야에서는 적지 않은 문제점을 노출시키고 있다. 제조업자와 도소매상이 단기 이익에만 초점을 맞춤으로써 신용과 신뢰의 문제가 유통의 발전을 가로막는 장애 요소로 떠오르고 있다. 또한, 소비자들에 관한 정보나 기업형 소매업에서 중요한 요소인 마케팅이나 머천다이징(상품화 계획)에 대한 인식이 부족하여 새로운 선진 기법을 중국에 접목시키는 데 어려움을 겪고 있다.

중국은 복제품을 만드는 기술과 노하우가 상당한 수준이다. 법적으로 복제품의 제조와 유통을 금지하고 단속하고 있으나 아직까지 실효를 보지 못하고 있어 정상적인 유통 질서에 악영향을 끼치고 있다. 덤핑 판매와 무자료 거래 등 경쟁 질서를 무너뜨리는 거래 형태도 공공연하게 나돌고 있다.

5 ■ 물류 및 결제 문제

중국의 물류 산업은 아직 초보 단계이며 규모도 대부분 영세하다. 빈약한 창고 시설과 시스템 부족, 그리고 높은 보관품 손실 등은 비용 상승의 요인이 되고 있다. 물류와 창고 시스템의 부재로 인하여 유통업체는 자주 곤란을 겪는다. 이러한 문제 때문에 외자기업의 경우 기업 내부에 물류 업무를 처리하는 부서를 별도로 설치하여 운영하는 경우도 적지 않다. 이러한 중국의 물류 문제에 착안하여 물류업에 진출하는 것도 유망한 사업 분야라 생각된다.

아직 중국 소비자들은 신용카드보다 현금 소지를 선호하는 경향이 강하다. 상품 대금의 결제 시스템 확립은 유통업의 성장에 중요한 요소이다. 신용카드의 사용과 금융 시스템의 발전에 대하여 관심을 가지고 관찰해 볼 필요가 있다.

| 성공적 중국 유통업 진출을 위한 조언 |

중국 진출을 희망하는 기업들이 한국인의 기질 중의 하나인 조급증을 중국 사업에 적용시켰다가는 반드시 실패한다. 사전에 철저한 시장 조사를 통해 중장기적으로 선점할 수 있는 지역을 선택할 필요가 있다. 경쟁이 치열한 대도시보다 성장 가능성이 높은 중소 도시를 선정하는 것도 하나의 방법이다. 오히려 대도시보다 여러 가지 우대 정책을 우선적으로 받을 수 있는 경우가 많다.

할인점과 같은 소매업종은 입지가 사업의 성패를 결정하는 중요한 요소이다. 즉, 점포 판매의 성패는 입지 선정에 크게 영향을 받는다. 현재의 경쟁 상황과 함께 미래의 경쟁을 염두에 두고 입지를 선정해야 한다. 특히, 주변 상권의 특성을 분석하여 중장기적으로 입지를 선정하는 지혜가 필요하다.

점포 판매의 핵심은 입지와 가격, 그리고 서비스 경쟁력이다. 가격 경쟁력을 확보하기 위해서는 근본적으로 '규모의 경제'를 통해 바잉 파워를 최대화하여야 한다. 효율적인 관리 시스템은 기본이다. 인력의 현지화와 현지 구매 등 경영 전반의 현지화와 서비스 차별화를 위한 체계적인 내부 교육 프로그램도 갖추어야 한다.

또한, 중국 소비자의 특성에 맞는 마케팅 전략은 필수적이다. 한국이 세계적인 유통업체들을 따돌리고 선전하는 것은 한국의 특성에 맞는 시설과 마케팅 전략을 구사하고 있기 때문이다. 중국은 다양한 지역과 계층, 그리고 독특한 구매 패턴을 가지고 있기 때문에 더더욱 현지에 맞는 전략이 절실하다.

이제 중국의 어느 지방을 가더라도 한국 기업이 진출해 있지 않은 곳이 없다. 한국 기업들이 만들어내는 제품도 다양하고 질도 국제 수준급이다. 적극적으로 소싱업체로 활용할 필요가 있다. 물론 가격을 맞추어야 하는 문제는 있겠지만 품질이 뒷받침된다면 한국이라는 브랜드 이미지를 높이는 데 기여할 것이다. 또한, 중국에 거주하는 한국인들과 조선족들이 갈수록 증가하고 있다. 한국인과 조선족의 밀집 지역에 진출하여 그들을 집중 공략해 보는 것도 하나의 방법이 될 수 있다. 또한, 한류 열풍에 휩싸인 젊은 세대를 대상으로 다양한 이벤트 행사를 개최해 보는 것도 단기간에 브랜드를 알리는 데 도움이 될 것으로 믿는다.

중국에서 승부한다
—삼성

    현재 중국에서 삼성은 한국 기업으로 가장 성공한 그룹으로 평가 받고 있다. 특히, IT 분야를 중심으로 한 삼성의 브랜드 이미지는 하이앤드(High-End: 고급)로 자리 잡고 있다. 중국 소비자들에게 삼성의 휴대폰과 모니터 등은 고급 브랜드라는 강력한 인상을 확보하고 있다. 삼성의 애니콜은 중국인들이 가장 가지고 싶은 제품으로 선정되었고, 모니터의 경우 중국 시장 점유율 30퍼센트에 달함으로써 입지를 확고히 하고 있다.

    중국 진출이 일본의 소니(Sony)에 비하여 상당히 늦었음에도 불구하고 영국의 리서치 기관의 조사에 의하면, 소비자의 인지도 면에서 소니와 동등하게 나타나고 있다.(보조인지율: 2000년 87%, 2001년 96%, 2002년 99%) *보조인지율: 응답자에게 브랜드를 알려주고 응답자의 인지율을 구한 값

    삼성그룹은 중국 전역에 30개에 달하는 생산법인과 10여 개의 판

매법인을 바탕으로 중국의 핵심 지역에 80여 개의 거점을 확보하고 있다.

삼성전자에서 투자한 품목들을 살펴보면, 톈진 CTV, 톈진 Monitor, 톈진 VCR, 웨이하이 통신, 쑤저우 노트북, 후이저우 오디오, GSM, CDMA, CDMA 통신 설비, 냉장고, 세탁기, 전자레인지, 에어컨, 메모리, LCD 등이 있다. 그리고 삼성SDI에서 투자한 브라운관, 전자총, MFD 등의 생산법인이 있고, 삼성전기에서는 DRUM, 모니터, MLCC, CHIP-R 등을 생산하고 있다. 그 밖에도 삼성코닝에서는 브라운관용 유리변압기를 생산하고, 카메라, 렌즈, 신사복을 만드는 법인도 있다.

| 삼성의 전략과 성과 |

1 ■ 1990년대 초반 생산 기지 확보 전략

1990년대 초, 삼성은 한국에서 경쟁력을 상실한 중저가 제품을 중국의 저렴한 노동력을 활용하여 생산하여 한국으로 재수출하거나 제3국으로 수출하는 전략을 채택하였다. 물론 중국 내수시장에 진출하는 것도 목표 중의 하나였으나 열악한 내수시장 기반 때문에 어려움을 겪었다.

이러한 전략 아래, 삼성전자는 컬러 TV, VCR, PC 모니터 등의 제조공장을 중국 톈진에, 귀주성과 광동성에는 오디오 장비 제조공장을, 그리고 쑤저우에는 에어컨과 전자오븐 제조공장을 설립하였다. 삼성 SDI는 선전(深川), 상하이, 톈진(天津), 둥관 등지에 PC 모니터와

TV 부품을 생산하는 공장을 설립하였다. 이 시기는 삼성이 중국에서 원가 절감을 위한 생산 기지 확보 전략을 실행하는 기간이었다.

2 ▪ 1990년대 후반 고품질 제품의 생산 전략

노동력을 활용한 중저가 제품의 생산과 수출에 전략적 중심을 두 었으나, 1990년대 후반에 들어서자 삼성은 중저가 제품으로 중국 내 수시장을 선점하기가 어렵다는 것을 직감하고 고급 제품을 생산하는 전략으로 선회한다.

삼성의 중국 마케팅 전략의 핵심은 삼성이 핵심 기술을 보유하고 있는 제품 중에서 히트가 가능한 제품에 집중 투자하는 방법이다. 그 대표적인 제품이 휴대폰 단말기 '애니콜'이다.

당시 중국을 장악하고 있던 세계 최대의 휴대폰 단말기업체인 핀 란드의 노키아에 도전장을 내민다. 비싼 가격에도 불구하고 애니콜은 중국의 젊은 층으로부터 선풍적인 인기를 모은다. 젊은이들 사이에서 신분의 상징이 되었던 것이다. 애니콜의 이 같은 성공은 미려한 디자 인, 품질 우위, 적절한 브랜드 관리 전략, 마케팅 전략, 한류의 영향 등 다양한 조건이 맞아떨어졌기 때문이다.

3 ▪ 중국 시장에 대한 공격적 전략

애니콜의 성공은 삼성이 중국 시장을 새롭게 인식하는 계기가 되 었고, 중국 시장에 대한 새로운 전략을 수립한다. 이때부터 삼성은 경 쟁업체보다 한발 앞서 행동하는 공격적 전략을 채택한다. 중국 시장 이 역동적으로 변하고 전 세계의 경쟁업체들이 다양한 신제품을 내놓는 상황에서 중저가 제품에 매달리다가는 기업의 이미지에 심각한 타격이 온다는 것을 감지하고 최신 고급 제품에 승부를 거는 전략으로 선회한 것이다.

이런 판단을 하게 된 배경에는 부상하는 중국 현지기업들과 중저가 제품을 가지고 생산량으로 경쟁하다가는 끝없는 가격 할인 경쟁에 휘말리게 될 것이 명백하였기 때문이다. 이러한 부가가치 없는 경쟁에 휘말리는 것보다는 고소득 계층을 대상으로 한 타깃 마케팅으로 고품질 제품에 주력하는 것이 유리하다고 판단한 것이다.

삼성의 이건희 회장은 삼성의 중국 비즈니스의 중요성을 다음과 같이 강조한다.

"삼성의 대 중국 전략은 우리 자신의 생존을 위한 전략이다. 중국은 한국뿐만 아니라 삼성에게 극히 중요한 도전이며 이것은 어쩌면 우리에게 마지막 기회가 될 수도 있다. 앞으로의 4, 5년은 우리가 중국 전략을 추구함에 있어 매우 중요한 시점이 될 것이다. 중국 시장에 대한 자만심이나 우월감을 결코 갖지 않도록 해야 한다. 중국의 급속한 성장이 계속되고 소비자들의 요구가 보다 강해지고 있으므로 우리는 각각의 제품이 이러한 발전에 맞출 수 있도록 최선의 노력을 다해야 한다."

삼성은 중국 시장에서 고부가가치 제품의 생산을 통해 물량보다는 수익성에 초점을 맞추는 전략을 채택하여 보기 좋게 성공시키고 있다.

4 ■ 새로운 중국 비즈니스 전략

2004년 현재 삼성은 중국에 설립된 모든 법인에서 이익을 내고 있다. 삼성그룹에서 중국의 중요성은 이제 말할 필요조차 없다. 미국의 9.11 사태를 통해 삼성은 미국 시장의 취약성을 간파하고 글로벌 포트폴리오 전략을 수정한다. 이러한 판단은 현재 중국에서의 성공이 그 바탕이 되었지만, 중국의 WTO 가입, 베이징 올림픽, 중국 정부의 서부대개발의 강력한 추진 등도 고려한 것으로 보인다.

삼성은 고소득층 5퍼센트에 집중하는 것을 전략의 출발점으로 삼고 있다. 5퍼센트는 삼성의 목표고객 층이다. 중국 부유층의 대부분은 베이징, 상하이, 톈진, 선전, 광저우, 칭다오 등 대도시에 거주하고 있다. 이들의 구매력과 구매 패턴은 선진국과 유사하다. 글로벌 기준의 고부가가치 제품을 이들 소비자들에게 집중함으로써 중국 현지기업들과의 치열한 가격 경쟁을 피할 수 있는 이점도 있다.

또한, 목표 고객이 도시에 집중되어 있어 마케팅 비용의 합리적인 집행도 가능하다. 고품질 제품을 제조하고 판매함으로써 장기적으로 삼성의 브랜드 자산을 축적하는 효과도 있다.

5 ■ 중국에서의 성과

삼성 또한 진출 초기에는 적지 않은 시행착오를 겪었지만 특유의 위기관리 능력으로 무난히 극복하였다. 특히, 1998년부터 현재까지의 매출 성장률이 평균 40퍼센트에 달한다. 그리고 2000년부터는 중국 내 모든 법인에서 흑자를 내는 등 탁월한 경영 성과를 올리고 있다.

매출액의 변화를 살펴보면 1998년 24억 달러, 1999년 36억 달러,

2000년 55억 달러, 2001년 57억 달러, 2002년 85억 달러, 2003년에는 100억 달러를 넘어서고 있다. 중국 현지에 파견된 주재원만 하여도 500명이 넘고 현지인 직원이 이미 50,000명을 넘어섰다.

중국에서의 성과 중에서 빼놓을 수 없는 것은 삼성전자에 의하여 형성된 첨단 고급 브랜드 이미지이다. 브랜드 가치의 중요성이 나날이 중요성을 더해 가고 브랜드 자산이 장래 기업의 흥망을 좌우하는 가장 중요한 변수로 등장하는 비즈니스 환경에서 삼성은 이미 엄청난 성공을 거두고 있다. 특히, 제조 기술과 서비스를 복합적으로 이해하고 실행할 수 있는 핵심 역량은 한국의 본사 수준에 도달해 있다.

한국과 가장 가까운 곳에 생산 거점과 시장을 확보하고 있다는 사실은 삼성의 경쟁사에게는 엄청난 위협이 아닐 수 없다. 또한, 중국 문화와 언어를 이해하고 구사할 수 있는 폭 넓은 중국 전문가들의 존재도 삼성의 강점이다. 그동안 꾸준히 추진되어 온 삼성그룹 내 중국 전문가 양성 프로그램은 상당한 효과를 거두고 있다. 다만, 현지 R&D의 강화와 내수 유통의 기반 확충, 그리고 현지 채용 인력에 대한 비전 제시 등 전략적 보완이 이루어진다면 보다 탄력을 받을 것으로 보인다.

삼성의 비전

중국은 개혁개방 초기에서부터 일관되게 자본 투자를 중시하는 정책을 펴오고 있다. 그리고 원가 절감과 기술 중시에 바탕을 둔 수출

드라이브 정책과 내수시장 확대도 중국의 중요한 정책적 기조이다. 중국은 WTO 가입을 기점으로 자유 경쟁 체제로 급격하게 이행되고 있다. 자유로운 시장경제를 중국이 건실한 성장과 균형 발전을 이룰 수 있는 동력으로 보기 때문이다. 그리고 중산층 확대를 통한 사회 안정과 국부의 견실한 축적을 우선 과제로 삼고 있다.

삼성은 이러한 중국의 기업 환경 변화를 감지하고 2000년까지는 중국을 제조와 수출 위주의 생산 거점으로 활용하였지만, 2006년까지는 중국을 글로벌 사업 기지로 전환한다는 계획이다. 2006년까지 전자 관련 3대 기업(삼성전자, 삼성SDI, 삼성전기)이 중국의 30대 기업에 진입하며, 매출 260억 달러에 10퍼센트의 순이익을 목표로 하고 있다.

이를 위하여 내수 기반을 강화하고 고부가가치 사업을 정착시켜 현지 완결형 구조로 전환함으로써 효율을 극대화한다는 전략이다. 기회의 선점과 핵심 인력의 확보, 장기적인 인프라 구축, 그리고 이미 형성된 고급 브랜드의 이미지를 강화하는 것을 중점 과제로 잡고 있다.

2011년까지 삼성은 중국의 20대 기업에 진입하고 매출 500억 달러, 이익 50억 달러를 달성한다는 원대한 계획을 세워놓고 있다. 이 기간에 삼성은 중국 지주회사의 기능을 강화하고 기업 경영을 현지화하면서 경영 자원의 현지 조달에 집중할 것으로 보인다. 물론 삼성의 최종 목표는 중국에서 초일류 기업으로 성장하고 자리 잡는 것이다.

중국 투자도 꾸준히 지속되어 2006년에는 50억 달러가 넘어설 것으로 보인다. 그리고 이때까지 모니터, CTV, 노트북 PC, HHP 분야에서 1위를 유지하거나 달성한다는 방침이다.

| 중국 시장 환경에 대한 기본 인식 |

삼성이 단기간에 중국에서 자리 잡고 성공하게 된 배경을 살펴보면 역시 중국을 잘 아는 중국통들이 적지 않게 경영진에 포진하고 있다. 특히, 한중 수교 전이었던 사업 초기부터 중국 내 막강한 인맥을 가지고 있던 한국계 미국인 카렌 한(삼성 중국 지사장 역임), 김유진(전 삼성 중국 본사 사장), 백학명(현 북경 판매법인장) 등 중국 전문가들이 포진하고 있었다. 삼성의 성공적인 중국 진출은 이러한 전문가들의 중국의 사업 환경에 대한 풍부한 지식과 정확한 인식이 바탕이 된 것이다. 삼성은 중국의 사업 환경 특성으로 다음과 같은 기본적 인식을 갖고 있다.

중국 사회에는 중화사상이 사회 저변에 상당히 깔려 있다.
· 중국이 세계의 중심 국가가 될 것이라는 자부심을 가지고 있다.
· 중국은 미국의 맞수이며 20년 후면 미국을 능가할 것이다.
· 기술 표준이나 제도를 제정함에 있어 중국식을 강조하는 경향이 강하다.

공산사회주의 문화와 제도의 영향력이 아직 강하게 남아 있다.
· 중국의 의사 결정 과정은 TOP-DOWN 방식이다.
· 지역 보호주의가 강하다.
· 기업의 사회적 책임(기업은 국가 발전에 기여해야 한다)을 강요하는

분위기이다.

· 점(点) → 선(線) → 면(面)의 도시 개발 정책을 펴고 있다.

급격한 개혁과 개방

· 비교적 뚜렷한 사회 계층이 혼재하는 사회.

　　－상류층(4%): 선진국 수준의 생활

　　－중류층(22%): 개발도상국 수준의 생활

　　－하류층(24%): 후진 사회

　　－최하류층(50%): 미개발 사회

· 선진국형 상거래의 원칙과 유통망의 미정비.

· 첨단 분야는 아직 미개척 분야임.

중국 정부의 정책에 대한 인식

· 외자 도입을 산업 및 지역의 구조조정 수단으로 활용.

· 반도체 등 첨단 산업 유치에 적극적임.

· 서부 지역으로 유도하는 정책.

· 부실 국유기업의 대외 매각과 구조조정.

· 고용, 조세 등 경제 체질 강화.

| 중점 추진 전략 |

· 현지 완결형 경영 체제 구축

- 우수 현지 인력 확보 및 양성
- 중국 내 초일류 기업으로 성장
- 친화적 그룹 이미지 제고
- 사업 인프라 구축

1 ▪ 핵심 경쟁력 강화

삼성은 한국에서와 마찬가지로 중국에서도 핵심 경쟁력을 강화하는 데 집중하고 있다. 고객의 욕구에 맞는 제품 개발과 품질 유지로 고객 만족을 실현한다는 대전제를 핵심으로 하고 있다. 단기적으로는 현지 R&D와 디자인의 현지 완결 기능을 구축하고, 장기적으로는 현지의 우수한 연구 인력을 활용하여 중저가 제품에 대한 글로벌 R&D 기지로 육성한다는 전략이다.

현지 완결형 경영을 바탕으로 먼저 종업원들이 만족할 수 있도록 내부 커뮤니케이션을 원활히 하고 그들이 꿈을 키워 나갈 수 있는 삼성 특유의 기업 문화를 만들어 간다. 또한, 소비자와 협력업체 그리고 정부기관과의 원만한 관계 유지와 신뢰를 확보하기 위해 다양한 전략을 시행하고 있다. 현지에 진출한 한국 기업들과도 다양한 창구를 통해 협력과 후원을 아끼지 않고 있다.

2 ▪ 중국의 특성을 고려한 전략 시행

선점 전략

삼성은 어디에서나 시장과 인재의 선점에 주력한다. 리스크는 다양한 경영 기법으로 회피하면서 공격적 경영으로 선점 효과를 누릴 수 있도록 투자한다. 중국은 선점 효과가 잘 나타나는 곳이다. 중국의 콜라 시장에서 펩시콜라가 선점한 곳은 10년이 지난 지금도 코카콜라보다 우세하다. 또한, 하급 노동자들은 풍부하지만 고급 인력과 훈련을 받은 관리자는 부족한 중국의 현실을 감안하여 인재의 선점에도 역량을 집중하고 있다.

제휴 전략

기술력이 우수한 중국 현지기업과 제휴하여 중국 표준에 참여하는 전략도 구사하고 있다. 표준에 참여한다는 것은 향후 엄청난 효과를 볼 수 있다.(TDS-CDMA 공동 개발)

거점 확보 전략

지방정부의 보호와 중앙정부의 지방 발전 정책에 부응하는 거점 지역에 진출하여 각종 정책적 혜택과 내수시장을 확보하는 전략이다.

판매법인과 서비스

전자제품의 유통 조직을 강화하고 제품 간의 시너지 효과를 극대화하기 위하여 베이징, 상하이, 광저우 등에 지역별 판매법인을 설립하여 운영하고 있다. 또한, 대형 전문점의 성장에 대응하여 직거래 비중을 확대하고 사업군별 통합 마케팅을 실시하고 있다. 그리고 외자기업 최고 수준의 서비스를 제공하기 위하여 중요 거점 지역에 'Golden ASC(A/S 센터)'를 운영하고 있다.

3 ▪ 중국 본사의 역량 강화

중국 본사는 전략과 변화 관리의 구심체이다. 중국 현지의 사령탑으로서 수시로 변하는 중국의 사업 환경을 체크하고 전략을 배분하는 역할을 담당하고 있다. 내부에 '중국위원회'를 두고 신규 투자나 대형 프로젝트에 대하여 관련 계열사들의 의견을 조율하고 있다.

또한, 삼성의 중국 장기 비전을 수립하고 모든 사업 부문에 대한 시장 조사, 그리고 마케팅 전략을 기획한다. 중국 본사 운영의 주목적은 그룹의 시너지 효과를 극대화하기 위하여 개개 회사들에게 위임되었던 기획 기능을 통합하고 강화하기 위한 것이다. 중국 사업에 필요한 인재를 양성하고 조직의 문화를 전파하며, 신입 및 간부사원을 양성하고 핵심 인력을 확보하는 일도 주요 임무이다. 법률과 제도의 변화를 체크하고 고급 정보를 입수하고 분석하여 리스크를 사전에 차단하는 기능을 수행한다.

삼성은 중국 본사의 총 책임자를 종전의 사장급에서 부회장급으로 격상시켰다. 중국에서의 성공이 그룹의 장래에 가장 큰 변수로 작용할 것이란 사실을 감지하고 있는 것이다.

고객을 압축하라
–울시(Wolsey)

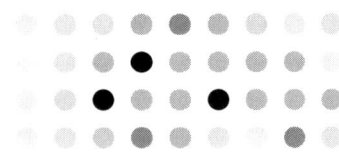

　베이징의 천안문 광장의 자금성 옆에 중국에서 고급 호텔의 대명사로 이름 높은 호텔 귀빈루(貴賓樓)가 있다. 이 호텔 2층에는 골프웨어를 판매하는 울시 매장이 있다. 이곳은 베이징에서 가장 임대료가 비싼 곳이다. 지금 중국의 유명 골프장에서 가장 인기 있는 골프웨어는 '울시(Wolsey)' 이다. 울시는 한국의 하이파이브사의 브랜드이다. 하이파이브사는 영국 브랜드인 울시의 한국 및 중국 판권을 갖고 있는 회사이다.

　울시는 주로 최고급 호텔이나 고급 백화점 매장에서만 판매된다. 가격은 다른 제품과 비교가 안 될 정도로 비싸지만 없어서 못 팔 정도로 잘 팔린다. 중국 전역에 30여 개의 매장이 있는데 모두 엄청난 수익을 내고 있다. 중소업체가 단기간에 이만한 성과를 거두었다는 것은 놀라운 일이 아닐 수 없다.

성공 포인트 ──────────────────────

1) 철저한 사전 조사

하이파이브 베이징 책임자인 배영윤 지점장. 그는 자타가 공인하는 중국 유통 전문가이다. 그는 "처음에 허허벌판인 중국에 와 어떻게 팔아야 할지 막막했습니다. 여러 곳을 다니며 시장 조사를 해보고 의류 시장의 특성을 연구했지요. 전국의 의류 판매 매장은 모두 다 가보았습니다. 물론 의류를 생산하는 봉제공장도 모조리 훑고 다녔습니다. 시장 조사에서 얻은 결론은 중저가로 갔다가는 희망이 없다는 것이었습니다. 중국의 신흥 부유층을 타깃으로 삼아 브랜드 가치를 높이면서 장기적으로 가는 것이 가능성이 있다고 판단하였습니다. 우리의 전략은 '돈 있고 힘이 있어야 입는 옷' 이라는 이미지를 굳히자는 것이었습니다. 어차피 골프웨어는 돈 있는 사람들이 입을 테니까 말입니다. 고위층들에게 선물로 많이 뿌렸습니다. 일류 호텔 매장이나 백화점에서 고가 가격표를 달아놓고 팔았습니다. 이미지 관리였지요. 의류업체라면 누구나 하는 잡지 광고도 하지 않았습니다. 일반인을 상대로 한 장사가 아니라는 판단에서지요. 대신 한번 옷을 구입한 고객에게는 꾸준히 신제품 카탈로그를 보내주는 방식으로 마케팅을 하고 있습니다. 부자들을 점조직으로 엮었다고나 할까요."라고 진출 초기의 상황을 말한다.

필자도 귀빈루 호텔의 울시 매장에서 새겨준 골프백 네임 테그를 지금도 달고 다닌다. 울시의 여우 마크에 개개인의 이름을 새겨 넣고 투명한 고급 수지를 입혀 만든 네임 테그는 고객들의 구전 효과를 얻어내는 데 상당한 효과를 보았다.

2) 고급 브랜드 이미지

결국 그의 전략은 적중하였고, 어려운 중국 시장에서 틈새를 확보하는 데 성공하였다. 골프웨어 울시는 고위층 사람들이 입는 '고급 브랜드' 라는 이미지가 굳어져 있다. 중국에서 골프를 치는 신흥 부자들의 욕구를 만족시켜 줌으로써 틈새를 확보하였고, 지금은 벌어진 틈새를 확장하는 데 전력하고 있다.

중국 시장은 마케팅 전략에서 포지셔닝하기가 아주 어려운 시장 중의 하나이다. 전에는 '고가, 중가, 저가' 라는 3분법에 의해 포지셔닝의 폭이 넓었으나, 이제는 브랜드 파워가 있는 고가와 그 외 일반 제품 2가지의 구분밖에 안 되는 시장으로 변하고 있다. 이러한 현상은 제조 기술이 발전하여 품질상의 차이가 줄어들면서 차별화되는 틈새가 없어졌기 때문이다.

만일 중국 현지기업들이 무한 가격 경쟁을 벌이는 중저가 시장에 우리 기업들이 뛰어든다면 승산은 제로라고 하여도 과언이 아니다. 이제 중국에서는 아주 비싸거나 -최고급 품질이나 유명브랜드 제품- 아니면 아주 싸구려 -적당한 품질- 라야 성공할 수 있다. 그만큼 중국은 아직 중산층이 형성되지 않아 중간 소득계층의 폭이 얇고, 빈부 격차가 심하다. 이 같은 양극화 현상은 식당에 가보면 금방 알 수 있다. 한 끼에 200위안(3만 원)의 고급 식당이거나 10~20위안(1,500~3,000원)의 저가 식당으로 분명히 구별되고 있다.

3) 새로운 도전

베이징 울시는 지난 2002년부터 중국 내수 브랜드 'BRUIN'을 출시해 제2의 전성기를 맞이하고 있다. 울시보다 약간 저가 브랜드인 'BRUIN'은 현재 시장에서 활발한 마케팅 활동을 하고 있다. 이미 성숙기에 접어들어 캐시카우 역할을 하고 있는 울시를 바탕으로 새로운 도전을 한 것이다. 'BRUIN'은 출시 2년 만에 20여 개의 매장을 확보, 매출은 울시를 능가하고 있다. 특히, 중국에도 골프를 즐기는 사람들이 기하급수적으로 불어나고 있어 울시의 재도약과 선전이 기대된다.

치밀한 광고 전략으로 브랜드 인지도를 높여라 —오리온 초코파이

오리온 초코파이는 2002년 중국 내 케익류 시장 점유율 63퍼센트를 차지하며 2001년의 시장 점유율 37.8퍼센트보다 무려 25.2퍼센트나 상승하는 등 중국 내 파이 시장에서 브랜드 구매율, 충성도, 인지도 등 전 부문에서 4년 연속 1위를 차지하였다. 지난해 중국 현지법인에서 기록한 초코파이 매출은 약 3000만 달러(350억 원)에 이른다. 초코파이를 지난 10년 동안 모두 24억 개나 팔았다.

2003년 7월, KOTRA가 베이징, 상하이, 광저우 등 중국 3대 도시 소비자들을 대상으로 실시한 한국 상품 브랜드 인지도 조사에서 중국 소비자 가운데 55퍼센트가 오리온 초코파이를 알고 있다고 대답하였다. 이제 중국에서 초코파이는 결혼식 하객에 대한 답례품으로 한 상자씩 돌리는 선물 품목으로 쓰일 만큼 과자 중의 명품으로 자리 잡고 있다.

중국에서의 성공으로 수년 내 오리온의 중국 사업이 국내 사업 규모에 이를 것으로 전망하고 있다. 오리온 초코파이는 2000년 중국 CCTV와 인민일보가 공동으로 조사한 '전 중국 주요 도시 소비자 조사'에서 케익류 중 시장 점유율(37.8%), 브랜드 구매율(43.2%), 브랜드 충성도(91.6%) 등에서 압도적인 1위를 차지하는 등 1998년 조사에서부터 연속 4년간 시장 점유율, 브랜드 인지도, 브랜드 충성도 등 케익류 전 조사 부문에서 1위를 차지하고 있다. 특히, 이러한 수치는 시장 점유율의 경우 베이징(89.9%), 상하이(65.1%) 등 소비를 주도하는 주요 도시로 갈수록 높게 나타나고 있어 향후 이러한 추세가 중국 전역으로 확산될 것임을 암시하고 있다.

| 중국 투자 결정과 지역 선정 |

1995년 여름, 동양제과는 중국 현지투자법인을 설립하여 진출하기로 확정한다. 당시 껌과 초코파이 2가지 품목을 집중 검토하였는데 최종적으로 초코파이를 선정하였다. 당시 초코파이는 세계적인 브랜드로 부상하는 과정에 있었고 수출을 통한 중국 고급 소비자 시장에서 상당한 반응을 보이고 있었기 때문에 투자의 적기라고 판단하였다. 소득 수준 향상에 따라 고급 과자에 대한 잠재 수요의 급속한 증대로 시장 확대를 기대할 수 있다는 점을 높게 평가한 것이다. 그리고 중국 내수시장의 직접 참여뿐만 아니라 인근 국가에 공급하는 해외 생산 거점 지역으로서도 높게 평가되었다.

동양제과가 중국 직접투자를 재촉하게 된 것은 중국 국내의 변화도 크게 한몫을 하였다. 당시 중국의 경제 상황은 정부의 거시경제 조절 정책과 긴축, 그리고 국영기업 개혁을 시도하면서 성장 속도가 둔화되고 있었다. 국영기업체가 도산하기도 하였으며 이에 따라 최저임금만이 지급되거나 실업자가 늘어 전반적인 소비 경기의 침체를 맞고 있었다. 중국 정부는 각종 법률을 정비하여 법체계를 강화함으로써 그동안 법의 통제를 받지 않고 있던 많은 유통 경로에 제재를 가하기 시작하였다. 관세, 부가세, 식품포장표기규정, 식품검역필증 등을 정부 기관들이 철저하게 챙기기 시작하자 수입 장벽으로 대두되어 현지 생산의 필요성을 촉진하는 요인으로 작용하였다. 물류비와 각종 세금의 부담을 최소화하고 현지 소비자로부터 올라오는 욕구를 제때에 해결하지 않고는 시장 확보와 확장은 한계가 있음을 절감한 것이다.

1995년 말, 동양제과는 1천 4백만 달러를 중국에 투자하기로 한다. 투자 지역은 중국 화북성(華北省) 랑방 경제기술개발구로 현지 생산과 판매를 위하여 '오리온식품유한공사(好麗友食品有限公司)'를 설립하였다. 여기에는 동양그룹의 여러 자회사들이 참여하게 되는데, 동양시멘트, 동양글로벌, 홍콩의 AGH(Asia Global Holding Limited)사 등이 각각 10퍼센트의 지분을 투자하고 동양제과가 지분의 70퍼센트를 투자하는 것으로 결정하였다.

그리고 동양제과가 생산 기술 도입 및 마케팅, 수출 등 모든 경영을 담당하고 1퍼센트의 로열티를 받는다는 것이었다. 1996년 3월부터 공장 건립을 시작하여 1차적으로 연간 2,000만 개의 초코파이 생산 능력을 갖춘 1개 라인을 건설한다. 중국이 오늘날 엄청난 발전을 이루고 있지만 오리온이 중국 진출을 결정하던 시점을 돌이켜보면, 물론 철저한 시장 조사에 근거하고 있었지만 사운을 건 과감한 배팅이었다.

동양제과가 생산 기지를 중국 화북성 랑방 경제기술개발구로 선정하게 된 것은 지리적 이점을 확보하려는 전략이 깔려 있다. 화북성 랑방은 베이징 시 중심지에서 30분밖에 걸리지 않는 지역이다. 그리고 베이징과 톈진을 잇는 고속도로변에 개발구가 위치하고 있어 교통이 편리하고 베이징 시가 제공하는 다양한 정책적 우대 혜택을 받을 수 있다.

또한, 2천만 명이나 되는 베이징과 톈진, 그리고 1억이 넘는 화북 경제권의 인구가 밀집해 있다. 실질 구매력을 갖춘 대형 소비시장이 지척에 있다는 사실은 상당히 매력적인 조건이다. 물론 한국과 직접 통하는 직항로가 베이징과 톈진에 있고 잘 교육된 현지의 저렴한 인력 자원도 이 지역을 투자 지역으로 선정하는 데 요인으로 작용하였다. 다만 나중에 상하이 현지 생산 공장 건설을 서두른 것을 보면 화북성 랑방에서 상하이 등 중국 중남부 지역으로의 물류비가 예상보다 적지 않았음을 추측해 볼 수 있다.

성공 포인트

1) 외상거래 사절

중국 내수시장에서 단기간에 성공한다는 것은 참으로 어려운 일이다. 오리온이 생산을 시작한 지 채 2년도 되지 않아 성공을 거두었다는 것은 상식을 뛰어넘는 사건이다. 더군다나 먹는 것에 관해서는 어느 누구에 못지않은 까다로운 입과 다양한 먹거리를 확보하고 있는 중국이고 보면 식품으로 그것도 단기간에 성공한다는 것은 참으로 어려운 일이다.

중국 내수시장에서 가장 어려운 일은 물건을 팔고 수금하는 일이라 하여도 과언이 아니다. 물건은 얼마든지 팔 수 있다. 그러나 외상 대금을 회수하는 일은 보통 일이 아니다. 오리온 초코파이는 중국에서 현재 술 담배를 제외하고 현금으로 팔리는 거의 유일한 품목이다. 우리의 적지 않은 기업들이 중국 내수시장에 도전했다가 외상 대금의 무게에 짓눌려 주저앉고 마는 경우가 많다.

오리온은 중국 진출 초기부터 외상 거래는 일절 하지 않는 전략으로 나갔다. 놀라운 탁견이라 할 만하다. 외상 매출이 많아지다 보면 그것을 관리하기 위하여 직원이 더 있어야 한다. 더구나 중국에서 채권업무를 관리하고 처리한다는 것은 외자기업으로서는 엄청난 어려움이 아닐 수 없다. 외상 매출금만큼 자금도 묶이기 때문에 위험과 비용도 증가되게 마련이다.

2) 오리온만의 장인 정신

오리온 초코파이는 한국에서 경쟁업체들과의 품질 경쟁에서 이미 경쟁력을 확보하고 있었다. 초코파이 원가 경쟁력의 배경은 무엇보다도 20년 동안 1백 원의 가격을 유지하였던 국내 가격 정책에서 기인한다고 할 수 있다. 한국에서 내부적으로는 끊임없는 원가 절감을 위해 공장 자동화를 꾸준히 추진해 왔고, 외부적으로는 국내 경쟁사와 치열한 경쟁을 벌이며 선두를 지키기 위한 과정에서 터득한 내공이 있었기에 중국에서도 경쟁력을 단시일 내에 확보할 수 있었다.

또한, 오리온은 전 세계 어디를 가더라도 한국에서와 똑같은 품질을 유지해야 한다는 신념으로 피 말리는 노력을 하였다. 중국 수출 초기, 한국에서는 방부제 처리 없이도 문제가 없던 초코파이가 중국 남부의 더위를 이겨내지 못하고 변질되는 사태가 발생하였다. 회사는 엄청난 비용을 들여 10만 개의 초코파이를 수거하여 소각하였다. 그리고 한국 공장의 수출 라인 생산을 중단하고 포장지를 교체하여 위기를 넘겼다.

현재 오리온은 국가와 지역에 따라 서로 다른 온도와 습도에서도 똑같은 맛을 유지할 수 있는 세계적 수준의 제조 기술을 갖고 있다. 중국 화북성 제1공장에서는 현지의 밀가루를 혼합해 제품 생산에 적합한 반죽을 만드는 노하우를 가지고 있다. 그리고 상하이 제2공장에서는 높은 온도에 견디면서도 입에서는 잘 녹도록 초콜릿을 배합하는 오리온만의 특별한 기술을 보유하고 있다.

실제로 필자는 1997년 랑방 공장을 방문한 적이 있는데, 당시 공장은 한국과의 다른 기후 조건 때문에 원부자재의 조달에 적지 않은 어려움을 겪고 있었다. 중국의 건조한 기후와 먼지가 많은 환경으로 인해 상당한 어려움이 있다는 말을 전해들은 기억이 있다. 또한, 현지에서 조달받은 밀가루와 초콜릿 그리고 석회석이 많이 함유된 물은 많은 문제를 야기하고 있었다. 언젠가 춘절(우리의 설날) 때 필자는 중국인 현지 직원들에게 초코파이 한 상자씩 선물하면서 초코파이 맛이 어떠냐고 물어본 적이 있다. 이구동성으로 그들은 초코파이의 '부드

럽고 촉촉한 맛'이 타 제품과 비교하여 월등하다고 하였다. 세계 어디에서 만들더라도 동일한 맛과 품질을 유지해야 한다는 장인 정신은 오리온 성공의 밑거름인 것이다.

3) 중국을 아는 최고 경영자의 존재

보통 한국 기업이 중국에 현지법인을 설립하고 생산에 들어가면, 한국 본사는 매출 독촉을 하게 된다. 현지 책임자는 본사의 매출 독촉에 시달리다 보면 어쩔 수 없이 외상 매출로 영업 액수를 부풀리게 마련이고 그것이 원인이 되어 2~3년 지나게 되면 보따리를 싸게 된다. 그런데 오리온은 처음부터 외상 매출은 절대로 하지 않는다는 분명한 원칙을 세워놓았다. 그러한 배경에는 회사의 최고 경영자가 중국의 현실을 정확하게 파악하고 있었고, 때문에 무리한 요구를 하지 않아 당초의 원칙을 밀고 나갈 수 있었던 것이다.

최고 경영자가 현지 사업에 대한 애정을 갖고 밀어주면 현지에 파견된 직원은 목숨을 걸고 일하게 마련이다. 오리온에는 중국에 대한 애정과 열정을 가진 최고 경영자가 존재하였던 것이 사업 성공의 밑바탕이 되었다.

4) 글로벌 전략

오리온의 세계화 전략은 고객 만족의 극대화를 위해 생산과 마케팅의 현지화에 중점을 두고 있다. 현재 글로벌 브랜드로 육성하고 있는 초코파이를 비롯하여 다양한 제품들을 세계 50개국 이상으로 수출하고 있다. 오리온은 과거의 직접 수출에서 점차 현지 생산을 통한 판매 방법으로 전환하고 있다. 해외 주요 지역에 현지 생산 사업장을 설치하고 생산, 영업, 정보 조사 및 마케팅 활동을 수행하고 있다.

세계 시장은 이제 무한경쟁 시대이다. 오리온은 미래는 승자가 모든 것을 가져가는 'Winner Takes All' 체제로 진화를 거듭하고 있음에 주목하고 있다. 무한경쟁에서 살아남는 길은 자체의 글로벌 브랜드의 확보에 있다고 보는 것이다.

또한, 전문 분야에 있어 세계적 역량을 갖춘 인재가 가장 중요하다고 판단하고 인재 교육과 확보에 글로벌 전략의 중심으로 삼고 있다. 특히, '주력 시장과 주력 제품에의 집중화'라는 분명한 목표로, 초코파이와 같이 국내에서 국제적인 경쟁력 확보한 상품을 글로벌 전략 상품화하여 중국, 러시아, 베트남 등 주력 시장에 다양한 광고, 판촉 등 마케팅 투자를 집중하는 것이다.

5) 거점 시장 확보 전략

오리온은 제품이 생산되자 지역별, 단계적으로 시장을 공략하는 거점 시장 전략을 구사하였다. 1997년 랑방 공장을 중심으로 베이징과 톈진 시장 등 북부 시장을 먼저 공략하여 성공한 뒤 98년 상하이를 둘러싼 화동및 화중 지역으로 시장을 확대해 나갔다. 중국은 31개 성(省)과 시(市)로 구성된 방대한 시장으로 단기간에 전체 시장을 공략한다는 것은 사실상 불가능하므로 선택과 집중의 전략이 무엇보다 중요하다. 베이징, 톈진, 선양, 다롄, 칭다오 등 대도시에 먼저 진출하여 자리를 잡고 여기에서 얻은 역량을 바탕으로 하여 하얼빈(哈爾浜), 창춘(長春), 시안(西安), 란저우(蘭州) 등 중국 전체 시장으로 지역을 확대해 나갔다. 이러한 순차적인 확산 전략을 통하여 다른 지역에서도 성공을 거둘 수 있었다.

6) 차별화된 광고 전략

오리온의 광고 전략은 중국에 진출하는 우리 기업들에게 적지 않은 시사점을 제시해 준다. 중국은 너무나 넓어서 산만하게 광고를 하였다가는 '밑 빠진 독에 물 붓기'로 광고비는 효과도 없이 증발해 버린다. 광고도 선택과 집중이라는 마케팅 교과서적인 전략을 구사해 나가지 않을 수 없다. 그리고 기업 이미지 향상을 위해 인터뷰와 기사 제공 등 돈이 들지 않는 다양한 방법을 활용하였다.

오리온은 먼저 중국 각지에서 열리는 식품 전시회에 참가하여 제품 알리기에 주력하였다. 자체적으로 다양한 이벤트를 만드는 것은 물론이고, 백화점이나 할인점 그리고 대리점 직원들과 사장들을 초청하여 선진 기술로 생산되는 초코파이의 공장 투어를 실시하여 회사를 대외적으로 알리고 신뢰감을 주는 데 큰 역할을 하였다. 얼마 지나지 않아 중국 현지의 초코파이 공장은 랑방 개발구를 방문하는 중국 정부 고위 간부들의 견학 코스로 자리하면서 돈으로 헤아릴 수 없는 엄청난 광고 효과를 보았다.

또한, 현지 문화에 대한 이해가 시장 개척에 절대적으로 중요하다는 방침에 따라 '문화 감수성 교육'이라는 자체 개발 교육 프로그램을 실시하였다. 이 교육은 그 나라의 역사, 문화, 생활방식, 관습, 종교, 언어 등을 총망라한 교육 내용으로 현지 문화를 이해하는 데 필요한 모든 사항을 교육시키고 있다. 오리온 담철곤 회장은 현지 문화를 기초로 한 해외 전문가 양성에 대해 다음과 같이 강조하고 있다.

"해외 전문가는 단지 그 나라의 말만 능숙해서는 안 된다. 또, 투자 정보나 경제, 정치 동향만 알아서도 안 된다. 그 나라의 역사를 알고, 문화를 알고, 유행을 아는 데 최선의 노력을 기울여야 한다. 우리 회사는 지금 중국, 러시아, 베트남, 미주 등지에 대한 해외 전문가를 양성하고 있다. 이는 우리의 해외 진출을 더욱 확실하고 완벽하게 하기 위해서다. 앞으로 우리의 해외 전문가는 프로로서의 자부심을 가지고 일해야 한다. 남보다 한 단계 높은 전문 능력, 각오, 월급 이상의 일을 한다는 마음자세가 해외 전문가에게 필요하다."

시장 개척에는 필수적으로 많은 비용을 필요로 한다. 동양제과가 시장 개척에 충분한 지원을 아끼지 않았다. 해외 마케팅을 강화하기 시작한 1994년부터 동양제과는 많은 시장 개척 비용을 투자하였다. 결국 그것이 나중에는 다시 돌아올 것을 확신하였기 때문이었다.

1996년 12월, 동양제과는 그동안 러시아 극동 지역에 편중된 한계를 넘어서 모스크바를 중심으로 한 시베리아와 동유럽 쪽으로의 시장 확대를 위해 모스크바 TV에 초코파이 광고를 시작하였다. 95년 2월엔 중국 천안문 광장에 초대형 초코파이 입간판을 설치하였다. 또한, 동남아시아의 베트남, 미얀마, 인도네시아 등지에서도 각종 박람회와 전시회에 참가하며 초코파이 알리기에 주력하였다. 이제 이들 나라 어디를 가도 초코파이를 볼 수 있으며 모르는 사람이 없다.

7) 해외 사무소 설치

광고 판촉을 통한 시장 개척과 함께 장기 전략으로 추진된 것이 해외 사무소의 설립이다. 동양제과의 해외 사무소는 1990년에 설립된 도쿄 사무소와 1993년에 설립된 베이징 사무소가 있었으나, 해외 마케팅이 강화되기 전의 이들 사무소는 일종의 무역 중개 역할을 하는 곳에 지나지 않았다.

그러나 전략이 바뀌면서 이들의 역할도 크게 달라졌다. 이제 해외 사무소는 자체적인 사업을 꾸려나가야 했다. 제품 시식회의 개최, 각종 광고 판촉 행사, 시장 조사 및 정보 수집, 경쟁사의 현지 동향 분석, 정치 동향, 현지 투자 분석까지 해외 사무소는 능동적으로 이러한 일들을 수행해야 했다.

이러한 기본 전략을 토대로 동양제과는 시장 확대와 전략 거점화를 위해 상하이, 호치민, 모스크바 사무소를 잇달아 개설하기 시작하였다. 또한, 본사의 수출 담당자들도 권역별로 해외 시장 개척에 총력을 기울여 나갔다. 이에 따라 1994년 10여 개국에 불과하던 수출 지역이 아프리카, 남미, 오세아니아까지 확대되며 1996년 말에는 30여 개국으로 확대되어 수출 지역 다변화 정책을 충실히 이행할 수 있게 되었다. 다음은 해외 사무소에 대한 담철곤 회장의 말이다.

"우리의 해외 사무소는 독립적으로 본사의 역할을 해내야 한다. 본사의 지시를 이행하는 것도 중요하지만 그보다는 현지의 시장을 분석하고, 흐름을 예측하여 사업을 기획하고, 주체적으로 업무를 추진하는 추진력을 가지고 있어야 한다. 우리가 해외 사무소를 두는 근본적인 이유도 여기에 있다. 때문에 해외 사무소의 대표는 스스로를 사장이라는 마음자세로 일해야 한다."

8) 브랜드 이미지 제고를 위한 다양한 활동

동양제과는 중국에서 구축해 온 오리온 초코파이의 브랜드 이미지를 더욱 강화하기 위해 TV 광고, 공익 행사, 시식회 등 다양한 마케팅 활동과 현지화 작업을 더욱 강도 높게 추진해 나가고 있다.

지난 2000년 화북성 홍수 때는 구호품으로 초코파이를 지원했으며 벽지 소학교의 책걸상 지원사업도 벌였다. 현지법인이 소재하고 있는 화북성에 25만 위안을 투자, 초등학교를 지어 기증하였다. 화북성 정부는 이 학교를 '오리온 희망초등학교' 로 명명했다.

중국인의 특성상 외자기업의 독주는 현지에서 반감을 불러일으킬 수 있으며 지방정부 등 지역 사회의 지원이 기업의 영업 활동에 필수불가결하기 때문에 여러 가지 지원사업을 통한 현지 지역 사회에 대한 기여는 마케팅에 있어서 매우 중요한 고려 사항 중 하나이다.

9) 효과적인 브랜드 네이밍

오리온 초코파이의 또 다른 성공 요인 중 하나로 효과적인 네이밍이 중요한 역할을 했다는 데 이의를 달지 않는다. 오리온 초코파이의 중국식 브랜드명은 '하오리여우(好麗友: 좋은 친구)' 이다. '好麗友' 는 우정을 컨셉으로 하는 동시에 오리온과 발음이 비슷하다. 다른 경쟁사가 이미 중국에 초코파이를 상표로 등록해 고육책으로 만든 이름이었으나 결과는 성공적이었다.

중국은 다른 외국과 달리 중국 시장의 제품 브랜드는 중국어로 표기하여야 한다. 중국어의 특성상 음과 뜻을 모두 고려하여 제품과 회사 이미지를 반영할 수 있는 브랜드 네이밍이 필요한데 이것이 마케팅에 커다란 영향을 끼친다. 오리온 초코파이 하면 '정통성'과 하나의 상징이 되어 버린 '하오리여우 하오펑여우(好麗友 好朋友: 오리온은 좋은 친구 -한국에서의 정(情) 이미지)'가 떠올라서 사람들의 마음에 친근감과 유대감을 주고 구매 욕구를 더 자극한다.

브랜드를 생명으로 하는 글로벌 기업들도 중국에서 고유의 브랜드 네임을 버리고 중국식으로 바꾸거나 새로 작명을 한다. 중국은 중화사상이 강해 외국어를 잘 쓰지 않으려 하는 데다 문맹률이 높아 외국어를 읽지 못하는 사람도 많다.

세계적인 기업인 코카콜라와 맥도널드, KFC도 중국에서만은 영어를 버리고 중국식으로 이름을 지었다. 코카콜라의 중국 내 이름은 '가구가락(可口可樂)'이다. 발음이 코카콜라와 비슷하면서 '마시면 입이 즐겁다'라는 뜻까지 상품의 본질과 맞아떨어져 절묘한 네이밍의 대명사로 불린다. 켄터키치킨은 '쿵더지(肯德基)'이다. 발음이 비슷한데다 끝자인 '기'가 닭을 뜻하는 '계(鷄)'와 발음이 같아 들으면 닭을 파는 곳임을 기억한다.

중국식 네이밍의 히트작으로, 까르푸의 '지아르푸(家樂福)'와 미놀타의 '완능다(萬能達)'가 꼽힌다. '지아르푸'란 '가정에 즐거움과 복이 들어온다'는 뜻이다. 모든 것을 다 이룬다는 뜻의 '완능다'도 절묘한 네이밍 덕에 엄청나게 팔린 상품이다.

| 생존의 조건 '브랜드 파워' |

과자는 어느 나라, 어디에서나 쉽게 접할 수 있는 상품이지만 유명한 과자는 많지 않다. 또한, 과자업체가 아무리 유명해도 그 회사에서 생산되는 과자보다 유명할 수 없다. 오리온 초코파이가 동양제과보다 유명하며, M&M's 초콜릿이 마스(Mars)사보다 유명한 것과 같은 이치다. 이는 과자가 소비자에게 어떤 이름으로 인상 지워지느냐가 그 과자를 생산하는 실체보다 더욱 강력한 의미를 지닌다는 의미이다. 제과업체의 경쟁력은 한 마디로 '브랜드 파워'이다. 강력한 브랜드를 몇 개나 가지고 있느냐가 그 회사의 규모를 결정한다. 이러한 브랜드 파워는 수출보다 현지 투자를 통해 더욱 강화된다. 중국에서는 브랜드 이미지가 아직 덜 형성되어 있기 때문에 이것은 더욱 중요하다.

Part 03

중국 진출, 알고 해야 성공한다

1. 중국이라는 특수사회
2. 중국에 적합한 마케팅 전략
3. 중국 진출의 다양한 방법

중국이라는 특수사회

| 중국어 구사 능력은 기본 |

　우리와 마찬가지로 중국 사람들도 중요한 이야기는 밥과 술을 먹으면서 하는 문화이다. 우리도 밥을 같이 먹어 본 관계가 아니면 아는 사이라고 하지 않듯이, 중국 사람들도 같이 밥과 술을 먹으면서 대화를 통해서 상대를 파악하고, 테스트하며 평가한다.

　만약 중국어를 구사할 줄 모르면 그들과 대화할 수 있는 기회는 줄어들게 되고, 그만큼 꽌시(關係)의 확장과 정보의 수집은 빈약하게 될 수밖에 없다. 중국의 많은 일들이 공식적인 채널 이외의 비공식적 루트를 통하여 이루어지므로 중국어 구사 능력이 없는 중국 사업은 치명적 결함을 안고 있는 것과 같다. 물론 공식적인 자리에서는 중국어와 한국어에 유창한 통역을 쓰면 된다.

　일정 규모 이상의 회사에서는 중국어에 능통한 직원들을 확보하여 적소에 배치하여 활용한다면 일상의 업무처리에는 별 어려움이 없다. 그러나 중국 관련 사업을 하다 보면 중국 정부의 고위층이나 고객들을 수시로 만나야 한다. 아직도 중요한 정보의 취득이나 큰 거래가 공식적 만남보다는 인간적인 교류를 통하여 이루어지는 것을 감안한다면, 회사의 실무자뿐만 아니라 최고 경영자도 중국어에 능통할 필요가 있다.

한국인들은 한자 문화권의 영향으로 대부분 500자 정도의 한자를 이해하고 쓸 줄 안다. 500자 정도면 충분치는 않지만 잘 활용하면 기본 언어를 구사하는 데 손색이 없다. 필자의 생각으로는 500자 정도의 한자를 정확히 알고 있는 사람이 중국어를 6개월 정도 배우면 의사소통에는 별 문제가 없을 것이라 본다.

우리 한국인들이 작은 투자로 커다란 수확을 얻을 수 있는 언어는 중국어밖에 없다. 발음이 정확하지 못하면 우리 식대로 종이에 써서 보여주라. 그들은 먼저 필체에 놀라고, 대개는 그 뜻을 이해한다. 단기간에 배워 이만큼 써 먹을 수 있다는 걸 알면 스스로도 놀랄 것이다. 영어나 일본어는 어림없는 일이다. 중국인과의 술자리에서 우리의 고등학교에서 배운 두보(杜甫)나 이백(李白)의 시구나 논어의 한 구절을 종이에 써서 보여주라! 그들은 놀라운 눈으로 당신을 대하고 상당한 수준의 학식을 가진 믿을 수 있는 사람으로 대할 것이다.

언어를 배우는 방법 중에서 가장 중요한 것은 환경이다. 현지의 많은 한국 기업들은 조선족 통역을 두거나 직원 전부를 조선족으로 채워 버림으로써 중국어를 배울 수 있는 기회를 스스로 차단하고 있다. 이러한 환경에서는 5년, 10년 중국에 살아도 중국어를 구사할 수 없다. 처음에는 어렵고 답답하더라도 업무의 공용어는 현지어로 하는 것이 타당하다. 이젠 한국에서도 중국어를 배울 마음만 먹으면 어렵지 않게 다양한 기회를 가질 수 있어 여간 다행스러운 일이 아니다.

중국과의 교역을 꿈꾸는 사람은 틈틈이 중국어를 배워두어야 한다. 반드시 쓰임새가 있다. 중국과의 교역이 급물살을 타며, 중국은 이미 우리와 불가분의 관계로 발전하고 있다.

오늘날의 경영은 현지화의 중요성이 강조된다. 현지화 없는 성공은 기대하기 힘들다. 현지화의 첫 걸음은 현지어에 능통하는 일이다. 언어가 되어야 현지 사정을 파악할 준비가 되는 것이다. 그러나 중국어를 아무리 잘 구사한다고 해도 그들과 똑같을 수는 없으며 고급 언어에 능통하기란 쉽지 않다. 공식적인 협상이나 중요한 자리에는 통역을 대동하는 것이 좋다. 통역을 통하면 시간적 여유가 생기고 정확하게 자기의 의사를 전달할 수 있어 좋다. 공식적인 협상이 끝나고 비공식적인 자리에서 유창한 중국어 실력을 보여준다면 상대는 놀라움을 갖고 당신을 만만하게 보지 않을 것이다.

주룽지 전 총리는 고등학교 시절부터 영어에 능통했다고 한다. 문화혁명 때 우파분자로 몰려 시골 농장에서 돼지를 치면서도 이어폰을 꼽고 영어 실력을 키운 일은 유명하다. 그는 외국 인사를 만날 때는 반드시 중국어로 대화한다. 다만 통역이 잘못 통역하면 지적하곤 한다. 통역의 잘못을 잡아 줄 정도의 영어 실력을 갖고 있는 청렴한 그를 두고 누가 어려워하지 않으며 존경하지 않겠는가?

1998년 총리 취임 후, 전 세계의 언론사 기자 수십 명이 모인 자리에서 또박또박 영어로 기자회견에 답하던 그의 모습을 나는 아직도 생생하게 기억하고 있다. 그 사건은 중국 지도자로서 모든 자격을 갖추었음을 내외에 과시하는 일이었다. 이만큼 언어는 의사소통의 수단일 뿐만 아니라 한 인간의 인격과 능력을 보여주는 지표가 되기도 한다.

우리는 무한경쟁에서 살아남기 위하여 세계 공용어인 영어와 세계에서 가장 많은 사람이 쓰는 중국어를 배울 필요가 있다. 또한, 중요한 것은 중국어를 배우면 배울수록 언어 속에 세상을 살아가는 지혜가 담겨 있어 더욱 매력적이다. 당신의 중국어가 상당한 수준이라면 이제 그것을 써 먹을 일만 남은 것이다. 중국어 구사 능력은 전쟁터에서 남이 가지지 않은 또 하나의 무기를 가지는 것이다.

| 중국인과의 만남 |

중국인들은 우리와 달리 명함에 기재된 직위로 사람을 판단하기보다도 자기들 나름대로의 관상술로 상대를 판단하기를 좋아한다. 중국인들은 의심이 많아 잘 속을 내보이지 않는다. 반드시 그렇다고 할 수는 없지만 우리보다는 그 정도가 훨씬 심하다. 아마도 영토가 넓고 인구가 많아 사람을 사귀는 데 좀 더 신중해야 했기 때문일 것이다.

일반적으로 '삼사이행(三思而行: 세 번 생각하고 행동한다)'과 '화비삼가(貨比三家: 세 군데의 품질과 가격을 비교한 후 물건을 산다)'의 신중함이 체질화되어 있다. 중국인들의 이러한 속성은 잦은 전쟁과 변란으로부터 재산과 목숨을 보호하기 위해서 형성되었다고 한다.

중국인들은 첫 대면에서 흉금을 털어놓을 수 있는 친구로 대하지 않는다. 다만 '인식(서로 통성명한 첫 대면 정도)'일 뿐이다. 지속적인 만남을 통하여 '하오펑여우(好朋友: 좋은 친구)', '라오펑여우(老朋友: 오랜 친구)' 사이로 발전하는 것이다.

중국인들은 한 번 '라오펑여우'나 '즈지런(自己人: 자기 사람, 믿을 수 있는 관계)'이 되면 상대편이 배신하기 전에는 절대 배신하지 않는다. 그러나 상대편이 친구로서의 의리를 저버리거나 배신하면 반드시 어떠한 형태로든 보복을 하여 가슴에 쌓인 분노를 쏟아낸다.

복수는 짧은 시간 내에 하는 것이 아니라 천천히 시간을 기다리며 때를 기다린다. 복수 방법도 우리와 사뭇 다르다. 직접 보복으로 자기의 존재가 드러남을 피하기 위하여 자기 인맥을 동원하여 간접적으로 행한다. '군자의 복수는 십 년이 걸려도 늦은 것이 아니다(君子報仇十年不晩)'라는 생각을 갖고 있다.

중국인은 서양인과 마찬가지로 첫 대면에서 눈의 시선을 피하는 사람을 자신을 속이고 있거나 자신감이 없는 인물이라고 여긴다. 첫 대면에서는 자기를 소개해 준 사람과의 관계와 자신에 관한 정보를 정확하게 전달하고 자신감 있는 태도를 보여야 신뢰할 수 있는 인물로 생각한다.

그리고 자신의 특징이나 장점, 회사 내에서의 위치와 업무의 성격 등에 대하여 사실대로 이야기함으로써 이어지는 만남에서 신뢰할 수 있는 기반을 쌓아야 한다. 거짓으로 부풀려 이야기함으로써 나중에 감당하지 못하는 망신을 당하지 않도록 주의할 필요가 있다. 조그마한 칭찬에 흥분하여 겸손한 태도를 잃어버리는 행동은 절대로 피해야 한다.

중국인들과의 만남에서 그들의 경계심을 허물고 마음 깊숙한 곳으로 다가갈 수 있는 방법은 '소개장'을 활용하는 방법이다. 소개장을 써줄 정도이면 소개를 받을 중국인과는 이미 상당한 꽌시가 형성되어 있는 사람이다. 소개장에는 자신과의 관계를 설명하고 소개하는 사람이 필요로 하는 내용을 적어 부탁한다. 이런 소개장은 때로 상상을 초월하는 위력을 발휘한다.

중국인들은 한두 번 만남에서 중대사를 논하거나 본심을 드러내지 않는다. 한국인들은 짧은 출장 일정 때문에, 혹은 급하게 성사시키고 싶은 마음에서 일을 성급하게 서두르는 경향이 있다.

상담을 일사천리로 진행하여 계약을 체결하고 한잔하자는 식으로 조급하게 서두르면 중국인들은 무슨 결점이나 잘못이 있는 것으로 간주한다. 중국인과의 협상에서 이러한 형태의 성향은 대부분 우리에게 불리한 결과를 가져온다. 삼고초려와 같은 느긋함과 끈기가 필요하다. 중국인이 중대한 결정을 내리는 것은 세 번 이상의 만남이 이루어진 후에야 가능하다는 것을 깊이 명심할 필요가 있다.

중국인만큼 식사를 교제의 수단으로 생각하는 민족은 없을 것이다. 우리의 '먹고 합시다' '금강산도 식후경이다' 라는 말은 배를 채운다는 의미가 강하다. 그러나 중국인들은 같은 식탁에서 식사한다는 것은 배를 채운다는 의미보다 한 가족이라는 의식과 신뢰와 우의를 돈독히 한다는 뜻이 더 강하다. 대부분의 중국 요리는 둥근 테이블에 코스 방식으로 나온다. 요리가 나오는 동안 사업 이야기보다 공동의 화제로 함께 즐길 수 있어야 한다. 중국에 대한 풍부한 지식과 세계적으로 널리 알려진 화제 거리에 대한 지식은 식탁을 더욱 풍성하게 만들 수 있다.

주빈은 주인의 왼쪽 좌석에 앉도록 배려한다. 코스 메뉴는 주인의 왼쪽 주빈부터 서브하고 그 다음 주인에게 서브하는 순서로 진행된다는 것도 알고 있어야 할 사항이다. 만약 첫 대면 후 저녁 식사 초대를 청하면 대부분의 중국인들은 정중히 거절한다. 서로 신뢰가 쌓이지 않은 사이라 부담스러워하는 것이다. 그러나 중국인이 청하면 인사치레로 하는 초대가 아니라면 한두 번 거절하다가 응하는 것이 예의에 어긋나지 않는다.

중국인과 식사에서 식사비를 각자 부담하는 것은 금물이다. 인정을 중시하는 그들의 정서로는 이해하지 못할 뿐 아니라 통이 작고 야박한 사람으로 평가받을 소지가 많다. 중국인들도 우리와 같이 식사 후 서로 계산하겠다고 실랑이를 하는 경우가 종종 있다. 중국인에게 식사 대접을 받았을 경우에는 다음 식사에 초대하겠다고 말하고 식사로 갚는 것이 좋다.

중국인들은 여간해서 자기 집에 초대해서 식사 대접을 하지 않는다. 식사에 초대되어 가족을 소개받는다면 진짜 친구가 되었음을 확신해도 좋다. 중국인들은 상대편을 자기 집에 초대하는 것에 대해 상당한 의미를 부여한다. 반대로 우리가 중국인을 집으로 초대하여 접대하면 상당히 좋아하고 오랫동안 잊지 못한다.

중국인들은 술을 마실 때 우리의 2차, 3차와 같이 자리를 옮겨 다니며 마시는 것을 좋아하지 않는다. 취중 무례에 대해서는 상당히 좋지 않게 본다. 술자리에서 우리와 같이 잔을 돌리는 문화가 없으니 주의할 필요가 있다. 또한, 조금 마셔 잔이 조금만 비어도 첨잔한다. 술을 따를 때 손가락으로 잔 주위 식탁을 두세 번 두드려 고마움을 표시한다. 잔을 부딪칠 때는 연장자나 직위가 높은 사람이나 주빈의 잔 높이보다 낮추어 부딪친다. 또한, 그들의 건배는 우리의 원샷과 같은 뜻이므로 반드시 한 번에 다 마셔야 한다.

그리고 술자리에서는 상담을 하지 않는 것이 좋다. 술자리에서 상담을 진행하면 신뢰할 수 없는 사람으로 여긴다. 그러나 예외도 있다. 내몽고 지역의 유목민들은 만나자마자 술을 권하고, 권하는 술을 마시지 않으면 집안 출입조차 금하고 믿을 수 없는 사람으로 여긴다. 그리고 술자리에서 만취하여 쓰러지는 사람을 신용한다. 왜냐하면 유목민들은 다른 유목민들과의 끊임없는 약탈과 피약탈 관계에 있었기에 타인의 출현에 대한 적대감이 강하다. 집 안에 들어와서는 외지인에게 독주를 한숨에 들이키게 하여 상대를 무장해제 시킴으로써 안심하는 것이다. 술자리에서 취하여 쓰러지면 나를 완전히 믿고 있다고 생각하는 것이다.

사무실이나 술자리에서 담배를 잘 돌리는데 권할 때 받아 피우는 것이 예의에 어긋나지 않는다. 담배를 권할 때 자기의 담배를 꺼내면서 자기 것을 피우겠다는 식의 거절은 예의를 무시하는 행위이다.

그러나 세계의 어느 국가 어느 민족과의 만남에서도 모두 통하는 코드는 겸손함과 친절, 그리고 정직한 마음가짐임을 명심해야 한다.

중국에서 살다 보면 문화적인 차이 혹은 주변의 사정으로 원수 간으로 변하는 경우가 허다하다.

중국의 무협 소설이나 영화에 등장하는 줄거리의 대부분은 원수 갚기와 관련되어 있다. 심지어 죽음에 임박한 아버지가 자녀들을 불러놓고 유언으로 원수 갚기를 권한다. 한국 기업인들이 중국의 문화와 관습을 잘 몰라 피해를 당하는 경우가 종종 있다.

중국인들은 사무친 원한이 있어도 당장 갚을 역량이 부족할 때는 스스로 해결할 수 있는 역량을 키우거나 시간을 두고 기회를 엿본다.

춘추전국시대 오(吳)나라에 의하여 침략당한 월나라 왕인 구천(句踐)은 오나라 왕 부차(夫差)의 대변 맛까지 보는 수모를 참고 겪으며, 동물의 쓸개를 문 위에 달아 놓고 방을 드나들 때마다 원수에게 당한 쓴맛을 잊지 않도록 자신을 담금질한다. 중국 무협지에 등장하는 주인공은 무술의 고수를 찾아가 피나는 노력으로 무예를 익힌 후 하산하여 원수 갚기에 나선다. 이것이 중국인들의 기질이다.

또한, 원수를 도와주는 척하면서 더 큰 보복을 한다. 원수가 잘못되어 가는 것이 뻔한데도 더 깊숙이 빠지도록 도와준다. 원수가 하는 사업이 자기의 정보에 의하면 사기에 걸려든 것이 확실해도 알려주지 않고 오히려 부추기거나 도와주어 손해의 정도를 증폭시킴으로써 보복을 하는 것이다.

그리고 직접 보복을 하는 것이 아니라 간접 보복의 형태를 취함으로써 자기의 존재를 숨기기를 좋아한다. 예를 들면, 전기회사에 다니는 사람이 어떤 식당 주인에 대한 원한 관계가 있을 때는 직접 전기 공급을 중단하는 등의 직접 행위로 쉽게 드러나는 보복은 하지 않는다. 중국인들은 간접적이고 은근한 방법을 찾아 보복하기를 선호하는데, 이런 경우 수돗물을 공급하는 친구를 찾아가 수돗물 공급을 중단시킴으로써 원한을 갚는 식이다.

중국에서 사업을 하는 경우에는 중국인과의 원한을 사는 일이 없도록 각별히 조심해야 한다. 원한을 사는 가장 흔한 경우는 직원들을 해고시킬 때 나타난다. 명백히 본인의 잘못이 있어 해고시킨 경우에도 뒤처리가 원만하지 못하면 상당 기간 동안 퇴근길 길모퉁이에서 가슴에 칼을 품고 당신을 기다리는 것이 중국인들의 생각임을 잊지 말아야 할 것이다.

요즘에는 외지인을 돈으로 매수하여 원수에게 위해를 가하는 일이 자주 일어나고 있다. 국토가 넓어 사건을 저지르고 기차를 한 번 타면 몇 천 킬로미터 떨어진 이국이나 다름없는 곳으로 피신할 수 있고, 인구가 많아 범인 색출이 쉽지 않다.

중국인들은 공개적으로 비판받는 것을 상당한 수치로 여기며 오랫동안 그것을 잊지 못한다. 비록 잘못한 일이 있더라도 공개적으로 인격 모독을 하는 행위나 언사 혹은 창피를 주는 일은 피해야 한다. 공개 석상에서는 칭찬하고 단독으로 밀폐된 공간에서 만나 잘못을 지적하는 지혜가 필요하다.

　두하 선생이 회장으로 있는 지아쓰지에(家世界) 그룹은 중국 텐진시 정부가 선정한 20대 대기업 중 유일한 민영기업이다. 그는 올해 56세로 중국에서 일류대학으로 꼽히는 텐진 난카이 대학 경제학과 교수 출신이다. 미국의 월마트와 유사한 형태의 창고형 매장 46개를 가지고 있는 중국의 손꼽히는 부호이다. 이 밖에도 대형 건축자재회사와 골프장, 그리고 초대형 식당 등 다양한 방면의 기업을 거느리고 있는 기업의 총수이기도 하다.

　얼마 전 그는 개인적 용무로 한국을 다녀갔다. 필자와는 오랜 친구 사이라 한국에 머무르는 동안 필자의 가족들과도 즐거운 시간을 보냈다. 그는 한국을 방문하면 절대로 고급 호텔에 들지 않는다. 서울 시내 변두리의 작은 호텔에서 묵는 검소한 품성을 갖춘 사람이다.

　그가 사업을 시작한 것은 80년대 중반이다. 중국이 개혁개방 정책을 시작한 지 얼마 되지 않았을 때인 1980년대 중반, 안정된 직장인 난카이 대학 교수직을 사임하고 사업의 길로 뛰어들었다. 그는 먼저 개방 정책의 시발점이 되었던 광동성 선전(深川)으로 가서 장사를 시작했다. 창업 자금은 단돈 100달러였다고 한다. 그는 사업의 종자돈을 마련하고 실물 경제의 바닥을 경험하기 위하여 자전거에 물건을 싣고 파는 행상을 5년간 하였다.

　그가 우리의 할인점과 같은 연쇄점업에 뛰어든 것이 1996년이었으니 역사가 그리 오래된 것은 아니다. 그러나 풍부한 자금과 경험을 가진 세계적 다국적 유통 기업인 까르푸, 월마트, 프라이스마트 등과 경쟁하면서 단기간에 46개나 되는 지점을 내고 엄청난 수익을 올린다는 것은 놀라운 일이 아닐 수 없다.

지아쓰지에의 놀라운 성공을 알려면 회장인 두하 선생을 만나보면 금세 알 수 있다. 그는 중국에서 공부한 경제학자 출신이지만 영어를 자유자재로 구사한다. 그는 시간이 날 때마다 미국 등 유통 선진국들을 방문하여 세계적으로 변하는 유통의 새로운 트랜드를 배우는 데 집중한다. 그리고 미국에서 공부한 우수한 인재들을 스카우트하여 요소에 배치한다. 그는 변화를 배우고, 적응하고 그것을 앞질러 가서 목을 지키는 일을 즐거운 마음으로 처리하는 인물이다.

중국에 진출한 세계적 유통업체인 월마트나 까르푸 등은 점포를 지역적으로 널리 분포시키는 전략을 구사하는 데 반하여 지아쓰지에는 한 지역에 역량을 집중하는 전략을 택하고 있다. 월마트의 가장 큰 경쟁력은 다량구매를 통한 원가 절감과 입지와 내부 인테리어에 투자를 최소화함으로써 저렴한 가격에 상품을 판매하는 것이다.

그런데 중국에서는 이런 그들의 핵심 전략이 잘 먹혀 들어가지 않는다. 그 이유는 점포의 분포가 지역적으로 넓어 엄청난 물류비가 들고 자가용을 소유한 가정이 많지 않아 이런 전략이 잘 먹혀 들어가지 않는 것이다. 오히려 한 도시에 집중하여 그 지역에서 역량을 확보하고 신속히 인근 도시로 진출하는 지아쓰지에의 전략이 더욱 현실적이고 파괴력을 가지고 있다.

그는 경제학자답게 중국의 경제 상황을 훤히 꿰고 있을 뿐만 아니라, 미래를 예측하는 혜안을 가지고 있다. 또한, 최고 경영자들이 갖기 쉬운 독선과 아집보다는 합리적이고 유연한 사고를 하는 사람이다.

더욱 놀라운 사실은 회사를 설립하고 현재까지 정부 관리들에게 뇌물성 돈을 단돈 1원도 주지 않았다는 점이다. 부패한 관리가 적지 않은 현실을 감안하면 참으로 경탄할 만한 일이다. 그럼에도 불구하고 많은 중앙의 고위 관료뿐만 아니라 지방정부의 과장급 간부들과도 호형호제하는 친밀한 관계를 유지하고 있다.

얼마 전 그는 자기 소유의 회사 지분 주식 30퍼센트를 내놓아 직원들에게 나누어주었다. 주식을 무상으로 분배받은 직원들은 회사에 대한 애정이 남다르다고 한다. 그리고 창업 때부터 고락을 같이한 간부들은 이제 수십 억 원을 가진 부자가 되었다고 말하며 그는 진심으로 즐거워하고 있었다. "부를 나눔으로써 더욱 많은 부를 축적할 수 있다."는 그의 신념은 참으로 훌륭한 사업관이 아닐 수 없다.

중국의 유통업에 진출을 희망하는 한국 기업이 있다면 중국 유통업에서 역량을 갖춘 전문가인 그의 조언을 들을 필요가 있다. 그의 프로 근성을 가진 사업적 역량뿐만 아니라 자기의 부를 고생한 사람들과 나눌 줄 아는 넉넉한 품성을 배웠으면 하는 바람이 간절하다.

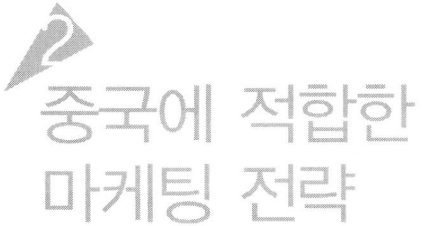

중국에 적합한 마케팅 전략

　중국 시장은 기업 간의 경쟁이 점점 치열해지면서 마케팅의 중요성이 보다 강조되고 있다. 중국에서 성공하기 위한 마케팅 전략을 수립하기 위해서 우리 기업들이 고려해야 할 점들은 무엇인가 살펴보자.

　한국의 기업들은 시장을 확대하거나 새로운 사업 기회를 모색하기 위해서 중국 진출을 적극적으로 모색하고 있다. 그러나 최근 실패 사례가 속출하면서 중국 시장이 진입에 상당한 어려움이 있는 시장이라는 것이 증명되고 있다. 향후에도 세계적 기업들의 본격적인 투자와 현지기업들의 경쟁력 확보로 중국 시장은 세계에서 가장 경쟁이 치열한 시장이 될 전망이다.

　우리 기업들이 중국에서 고전하는 원인은 글로벌 기업에 비해 해외 진출 경험이 상대적으로 적기 때문이기도 하지만, 마케팅 전략을 치밀하게 수립하지 않고 진입을 서둘렀던 것이 더 큰 이유라고 생각한다. 글로벌 기업들의 영향으로 중국 소비자들의 수준이 상당히 높아져 있음에도 불구하고 한국의 기업들은 막연히 중국시장을 후진국형 시장으로 간주하고 한국에서 이미 유행이 지난 제품이나 브랜드를 출시하여 실패하는 경우가 적지 않다. 마케팅 전략의 실패라 아니할 수 없다. 중국에서 성공하기 위해서는 무엇보다도 중국의 현실에 들어맞는 마케팅 전략을 수립하여야 한다.

| 시장 세분화 전략 |

세계 어디를 가더라도 마케팅 전략에서 가장 중요한 것은 소비자의 욕구를 파악하는 일이다. 중국은 하나의 단일 시장이 아니라 다양하게 분할된 소시장들의 집합체라고 할 수 있다. 중국에는 수많은 세분 시장이 존재한다는 이야기이다.

우리는 중국인들의 소비 패턴이 지역과 소득 계층에 따라 판이하게 다른 형태로 변한다는 사실에 주목할 필요가 있다. 소비 구조가 다양하고 변화가 빠른 중국에서 시장 전체를 대상으로 일반적인 마케팅 전략을 세운다는 것은 참으로 비효율적이 될 것임은 말할 필요조차 없다.

마케팅에서 시장 세분화의 변수로 인구 통계학적 변수, 지리적 변수, 심리 형태적 변수(가치, 태도 및 생활양식), 구매 행동적 변수, 구매 혜택 변수 등을 꼽는다. 인구 통계학적 시장 세분화는 시장을 인구 통계 또는 사회 경제적 특성에 따라 분류하는 방법이다. 성별, 연령, 직업, 소득 수준, 교육 수준, 가구 규모, 가족 라이프 사이클 등이 일반적으로 많이 사용되는 기준들이다. 중국 사업의 마케팅 전략 수립에 있어 세분화 변수의 선택은 매우 중요하다. 제품의 품종과 자기 기업의 역량에 맞는 변수의 선택은 중국 마케팅 전략의 기초가 된다.

1 ▪ 인구 통계학적 시장 세분화

독신 가구의 증가, 자녀 수의 감소, 소득과 생활수준의 향상 등이 마케팅의 중요한 변수로 떠오르고 있다. 1인당 국민소득은 시장 세분화의 가장 중요한 변수이며 시장 잠재력의 주요한 측정 지표이다. 그러나 가격이 낮은 제품들, 예를 들면 담배, 음료수, 볼펜 등과 같은 제품은 인구가 소득보다 더 중요한 변수이다. 또한, 중국의 평균 소득 수준은 낮지만 고소득 계층이 존재하며 성장 속도도 매우 빠르다.

중국 소비 시장을 우리 기업들이 관심 있는 소득 수준별로 나누어 보면, 부유층, 고소득층, 중산층으로 구분해 볼 수 있다. 월평균 소득이 3,000~5,000위안(45~75만 원 정도)인 중국 도시 중산층은 중저가 보급품을 선호하고, 개인 사업가(식당 주인, 무역업자, 중소기업 제조업자, 건축업자, 부동산 임대업자, 각종 대리점업자), 외국기업 종사자, 변호사, 연예인, 국가 대표급 운동선수, 국영기업 청부업자(국영기업을 불하받거나 위탁경영 계약에 의하여 경영하는 업자) -전체 인구의 3퍼센트에 해당하는 4,000만 명- 들은 월 2~5만 위안(300~750만 원 정도)의 소득 수준으로 외국 브랜드 제품이나 고급품을 주로 구입하는 것으로 알려져 있다.

이들을 대상으로 한 상품의 공급 주체를 살펴보면, 최고급품은 글로벌 기업들에 의한 중국 현지 생산품 혹은 수입품이, 고급품과 중고급품은 중국에 진출한 중견 외자기업이나 중국의 내수대기업이 공급한다. 그리고 중저가 제품은 중국 대기업과 향토기업에 의하여 주도적으로 공급되고 있다.

중국에 진출한 한국 기업들 중 성공한 기업들을 조사해 보면 대부분 고급 제품과 고가 전략으로 성공한 것을 보면 어렵기는 하겠지만 고급품 시장을 노크하는 것이 성공 가능성이 높다 하겠다. 고급품 시장에서 얻은 기업 이미지는 향후 중저가 시장을 파고들 수 있는 또 하나의 기회를 얻게 된다.

중국의 시장 세분화에서 국민소득 이외에 나이를 기준으로 12세에서 19세까지의 10대들의 시장이 존재한다는 것을 간과해서는 안 된다. 특히, 중국은 1가정 1자녀 정책으로 '소황제 소공주' 시장이 광범위하게 형성되어 있다. 휴대폰 소유자를 기준으로 하는 방법도 유용한 방법 중의 하나이다. 약 3억 개의 휴대폰 소유자가 실질 구매력을 갖춘 인구로 파악한다.

2 ▪ 지리적 시장 세분화

중국은 32개의 성, 시, 자치구와 2개의 특별 행정구(홍콩, 마카오)로 나누어지는 광대한 시장이다. 많은 중국 전문가들은 중국 시장에 진출하는 기업들에게 '계획은 거시적으로, 실천은 현지화하라'는 주문을 한다. 중국을 효과적으로 개척하기 위해서는 장기 전략으로 중국 전역을 염두에 두되, 중단기적으로는 각 지역별 세분 시장별로 각각의 마케팅 전략을 수립해야 한다는 뜻이다.

중국은 넓은 영토로 인해 지역에 따라 기후, 언어, 상관습, 역사 그리고 문화적 배경이 다르다. 경제권역에 따라서는 다른 나라로 여겨질 만큼 서로 다른 소비 성향을 보인다.

중국을 대개 홍콩과 광동성 경제권, 상하이를 중심으로 하는 양쯔강(長江) 삼각주 경제권, 사천성을 중심으로 하는 서부 경제권, 산동성을 중심으로 하는 산동 경제권, 베이징과 톈진 화북 경제권, 동북 3성 경제권 등으로 분류해 실무에 적용하는 기업들이 적지 않다. 경우에 따라서는 중국을 서남, 서북, 화동, 화중, 화남, 화북, 동북 7대 구역으로 구분한다. 지리적 세분화의 이점은 물류비의 절감과 관리의 편리성, 원가 절감, 역량의 집중 등을 들 수 있다.

_시장 세분화와 중국의 대도시

1인당 GDP가 1만 위안(1,500만 원) 이상인 도시와 GDP 1,000억 위안이 넘는 도시를 우리 기업들이 공략의 우선 도시로 삼는 것도 유용한 분류이다. 중국 진출 시 공략 대상으로 삼아야 할 대표적 도시들을 살펴보면 상하이, 베이징, 광저우, 선쩐(深川), 톈진(天津), 우한(武漢), 항저우(杭州), 선양(沈陽), 난징(南京), 푸샨(佛山), 따리엔(大連), 충칭(重京), 청뚜(成都,), 쑤저우(蘇州), 따칭(大慶), 칭다오(青島) 등이다. 여기에 포함되지 않은 50여 개의 도시들도 5년 이내에 상당 수준의 소비 능력을 갖출 수 있을 것으로 판단된다. 도시의 규모 면에서 비슷한 인구와 소득 수준을 가지고 있음에도 지역에 따라 소비 패턴이 상당히 다르다는 점도 염두에 두어야 한다.

3 ▪ 심리 형태적 시장 세분화

심리 형태적 시장 세분화는 소비자들의 태도나 가치관, 그리고 라이프스타일 등으로 나누는 방법이다.

첫째, 목표 추구 집단인 30세 전후의 젊은 소비자 집단은 성공을 위해 노력하며 물질적 쾌락을 추구한다.

둘째, 목표 달성 집단인 40~50대 전후의 중장년 집단은 경제적 여유가 있고 자기주장이 감한 집단이다. 신분 상승기 혹은 어느 정도 성공을 거둔 사람들이다. 이 집단은 신분 및 품위를 많이 의식하며 품질을 가장 중요시한다.

셋째, 피압박 집단으로 연령과 상관없이 경제적으로 압박을 받는 집단이다. 이 집단은 먹고 사는 생존의 문제가 가장 중요한 이슈가 된다.

넷째, 적응하는 집단인데, 이 부류는 비교적 연령이 많으며 자기의 생활에 만족하고 자기의 가치관을 유지하려고 하면서 변화에 대하여 개방적 태도를 취하는 집단이다.

다섯째, 전통 집단으로 과거의 전통에 집착하며 변화를 거부하며 전통적 가치관을 고수하는 집단이다.

그러나 중국인들은 개인적인 개성을 추구하기보다는 주변 사람을 의식하는 성향을 보이기 때문에 사회 심리적 또는 라이프스타일이 크게 분화되지 못해 소비자 세분화가 잘 안 되는 경우도 있다.

4 ▪ 구매 혜택 시장 세분화

구매 혜택 시장 세분화는 제품을 구매함으로써 소비자들이 얻으려고 하는 혜택에 의해 시장을 세분화하는 것이다. 이는 지역에 상관없이 제품의 효용이나 제품이 해결해 주는 문제를 정확하게 이해함으로써 가능해진다. 예를 들면, 택배의 신속성과 경제성 그리고 신뢰성을 희망하는 고객을 파악하여 이러한 소비 계층을 표적으로 삼아 마케팅 활동을 하는 방법이다.

구매 혜택 세분화는 중국에서 많이 활용되는 방법이다. 중국에 진출해 있는 주요 글로벌 시장 조사업체들의 시장 세분화 보고서는 주로 이러한 제품편익 변수를 중심으로 하고 있다. 제품의 기능이나 특성에 따라 시장을 세분화하는 구매 혜택 세분화는 중국에서 유용한 수단이 된다.

일반적으로 유명 마케팅 조사 기관에 의뢰하면 정확할 결과를 얻을 수 있다고 생각한다. 그러나 중국은 시장 조사의 역사가 짧기 때문에 조사 방법이나 면접원의 능력과 판단에 따라 결과가 많이 차이가 날 수 있음을 간과해서는 안 된다.

그리고 조사도 중국 소비자의 수준에 맞추어 조사가 시행되어야 한다. 중국 소비자들은 설문 조사 혹은 복잡한 조사에 대하여는 세심하게 반응하지 않을 가능성이 높아 정확한 결과를 얻기 어렵다. 조사 보고서를 가지고 현장에 나가 소비자로부터 직접 만나 결과를 확인하는 과정을 거치는 것이 필요하다.

| 표적시장 선정과 마케팅 전략 |

시장 세분화를 통해 확인된 소비자 집단을 비교 평가하여 가장 잠재력이 큰 하나 혹은 복수의 시장을 목표 시장으로 선정하여 여기에 역량을 집중하여야 한다. 시장 기회를 평가하여 표적시장으로 선정하는 데는 일반적으로 3가지 기준을 적용한다.

· 세분 시장의 현재 크기와 성장 잠재력
· 잠재적 경쟁의 정도
· 중국 진출 목적과의 적합성과 경제성

중국 시장을 보다 객관적으로 비교 평가하기 위해서는 소위 '3C 분석(Customers, Competitions, Company)'을 많이 사용하지만, 유통과 꽌시도 평가 항목으로 포함시켜야 한다는 것이 나의 생각이다.

첫째, 고객에 대한 평가 기준으로 세분 시장 고객의 구매력과 구매 성향에 대한 조사가 선행되어야 한다. 그리고 시장의 규모와 확대 가능성에 대한 수치가 평가 기준이 된다.

둘째, 경쟁자에 대한 평가 기준으로는 경쟁사의 숫자와 상대의 마케팅 전략 그리고 향후 추가될 가능성이 있는 경쟁자에 대한 정보 등이다.

셋째, 자사의 경영 목표와 전략에 부합되는가에 대한 평가가 이루어져야 한다. 자사의 경영 자원이 세분 시장에 진출 시 문제가 없는지, 마케팅의 시너지 효과를 극대화 할 수는 없는지 예측할 수 있어야 한다.

넷째, 자사의 유통 전략이 현지의 유통 시스템과 부합하는지 살펴보아야 한다. 물론 중국의 지방 보호주의를 극복할 수 있는 대책도 수립되어야 한다.

다섯째, 중국은 세분 시장 내에 꽌시가 존재하면 초기의 진입 장벽을 보다 수월하게 극복할 수 있다. 다만 우리 기업들은 꽌시에 너무 집착하거나 전혀 꽌시다운 꽌시를 갖지 못하고 있는 것이 문제다.

각 세분 시장을 요소별로 매력도를 비교 평가한 다음 표적시장을 선정하고, 세분 시장별로 전략 상품을 정하여 마케팅 역량을 집중하여 추진한다면 성공 가능성을 한층 높일 수 있다.

1 ▪ 소황제 소공주 시장

'1가구 1자녀 정책'으로 중국의 부모들은 아이가 원하면 대부분 사주려고 한다. 연령적으로 15세 이하에 해당한다. 중국은 아이 하나를 키우는 데 부모와 친가 그리고 외가의 조부모가 돌본다. 6명이 아이 하나 키우는 데 매달린다.

그리고 교육열 또한 우리 못지않아 교육 관련 상품은 가격을 따지지 않는다. 가정에서 '소황제 소공주'의 지위를 누리고 있는 것이다. 유아용품, 완구, 식품, 의류, 컴퓨터와 게임, 문구, 교육 관련용품 등이 이들의 영역이다. 아이들이 자라 성인이 된다는 것을 생각하면 무시할 수 없을 뿐만 아니라 미래의 기업 브랜드 이미지 확보 전략으로도 널리 활용할 만하다.

2 ■ 신세대 20~30대 직장여성 시장

이 세대는 기존의 중국인 세대와 뚜렷하게 다른 가치관과 소비 성향을 가진 층이다. 기존 성인들에 비하여 소득 수준도 높다. 물론 자기가 번 돈은 자기 책임 하에 지출한다.

이 층의 신세대는 고가의 의류, 화장품, 구두, 핸드백, 액세서리, 휴대폰, 컴퓨터, 고가의 식료품을 소비하는 주체로 부상하고 있다. 유행을 전파하는 메신저 역할을 하기 때문에 입소문이 필요한 품목일 경우에는 우선적으로 이 부류를 공략하여야 한다.

3 ■ 고소득층

개혁개방 이래 사회 각 방면에서 두각을 나타내면서 부를 축적한 신흥 부자들이 대부분이다. 해외 유학생 출신이나 권력을 배경으로 부를 축적한 사람들이 매우 많다. 외자기업의 고급 임원, 부동산 개발 및 임대업자, 고급 식당 경영자, 성공한 국영기업 청부업자, 무역업자, 제조업자, 성공한 상인 등으로 대부분 대도시에 거주하면서 고급 하이테크 가전, 고급 승용차, 고급 아파트, 고급 의류, 귀금속 제품, 화장품, 골프용품, 고급 식당 시장을 이들이 주도하고 있다.

고소득층을 공략하는 전략은 마케팅 역량을 집중하는 데 용이하기 때문에 고급 브랜드 상품의 시장을 확대하는 데 도움이 된다. 또한, 고급 제품이라는 이미지를 확보하면 이어지는 다양한 마케팅 전략을 실행하는 데도 상당히 유리하다.

4 ■ 중국의 중산층

소득 수준이 비교적 높은 상위 10~20퍼센트의 소비자를 말한다. 실질적으로 중국의 소비 시장을 주도하는 세력이다. 이 층을 목표 시장으로 삼는다는 것은 가장 어려움이 많이 따른다.

중국 대기업이나 중국에 진출한 외자기업들이 대부분 이 시장을 목표로 하기 때문에 경쟁이 가장 치열한 곳이다. 이 시장에서 경쟁력을 확보한다는 것은 엄청난 물량의 흐름과 그에 따른 이익을 얻을 수 있음을 의미한다. 중국의 저가 시장은 중국 중소 현지기업들이 목표로 삼는 영역이다.

| 포지셔닝 전략 |

포지셔닝(Positioning)이란 마케팅에서 표적시장을 결정하고 나서 자사의 제품을 표적 고객의 욕구와 수요에 맞도록 위치시키는 것을 말한다. 포지셔닝은 소비자가 해당 상품에 대한 브랜드를 어떻게 인식하느냐에 의하여 결정된다.

중국 시장은 글로벌 브랜드가 마주치는 격전장이다. 중장기 계획을 바탕으로 현실적으로 적용 가능한 명확한 포지셔닝 전략을 세워 역량을 집중하여야 한다. 중국 시장이 아무리 넓고 잠재 소비자가 많다고 하더라도 차별화된 포지셔닝 전략을 가지고 있지 못한다면 성공을 기대하란 힘들다.

어떤 포지셔닝 전략이 중국에서 가장 효과적일까? 중국 시장에서 성공적인 포지셔닝을 한 기업들은 자사의 브랜드 역량, 고객의 니즈, 유통과 광고 전략을 적절히 구사한 기업들이다. 따라서 포지셔닝은 가격, 디자인, 광고 활동 등을 통하여 자사의 제품을 목표 소비자에게 얼마나 강하게 어필하느냐에 의하여 효과가 결정된다.

포지셔닝에서 가장 중요한 점은 고객과의 커뮤니케이션이다. 소비자는 마케팅의 전부이기 때문이다. 고객과의 원만한 커뮤니케이션이 이루어지지 않는다는 것은 일방적인 고객 사랑이다. 처음의 포지셔닝이 예상대로 먹혀 들어가지 않거나 경쟁 환경이 변하면 기존의 포지셔닝 전략을 수정하여야 한다. 즉, 제품의 시장 내 위치를 재설정하여 표적 소비자에게 재위치시키는 리포지셔닝(Repositioning)을 해야 한다.

| 선택과 집중 |

현대 경영에서 '선택과 집중' 만큼 널리 회자되는 조언도 많지 않다. 이러한 배경에는 기업이 한정된 경영 자원으로 방만한 경영을 하기보다는 한곳에 역량을 집중하는 것이 성공 가능성이 높기 때문일 것이다. 물론 선택과 집중은 개인적인 삶에도 적용되는 말이다.

그러나 남에게 선택과 집중을 조언하면서도 스스로는 그러지 못하는 경우가 허다하다. 또, 선택과 집중에 대한 정확한 개념조차 이해하지 못하는 경영자들이 적지 않으며, 개념을 정확히 이해하고 있는 경영자라도 그것을 현실 경영에서 실천하는 일은 상당히 어려운 일이다.

중국은 영토와 인구가 한국의 수십 배에 달한다. 또한, 개혁개방 이래 급속한 속도로 변화하면서 진화를 거듭하는 시장이다. 시장의 공략과 성공이 참으로 어려운 곳임은 말할 필요조차 없다. 중국은 이제 송곳의 날카로운 끝으로 모아 힘을 다해 찌르지 않고서는 작은 성취도 이루기 힘든 지역이다.

중국은 이미 느슨하고 기회가 많은 만만한 시장이 아니다. 세계적인 프로들이 싸우는 정글의 법칙이 가동되는 전쟁터이다. 사람들은 흔히들 '선택은 포기하는 것에서 출발한다'는 사실을 간과한다. 한국의 기업들은 중국 사업을 하면서 몇 가지 목표를 동시에 추구한다. 그리고 목표를 잘 달성할 수 있으리라 기대한다. 천만의 말씀이다. 중국 사업에서 성공하는 기업이 적은 것은 많은 기업인들이 이런 착각에 빠져 있기 때문이다. 자기가 가장 잘할 수 있는 한 가지를 제외한 모든 일들을 포기하는 데서 선택은 출발하는 것이다. 곁가지들은 모두 포기하라! 선택은 포기하는 것이란 사실을 명심해야 한다.

그리고 집중이란 밥을 먹을 때도 길을 걸을 때도 항상 선택된 과제의 해결을 위하여 모든 역량을 동원하여 해결의 실마리를 찾아내는 과정이다. 선택된 한 가지 일에 매달리고 집중하다 보면 영감(靈感)이 당신의 머릿속에서 가만히 떠오르는 것을 느낄 수 있을 것이다.

성공의 기본 틀은 아깝다고 생각하는 것들을 포기하는 데서 시작한다. 선택을 하고 선택된 것에 대하여 모든 역량을 투입하여 고민하고, 연구하고, 해결책을 알아내기 위해 분투해야 하는 것이다.

포기하고 포기하라! 그리고 선택된 하나에 몸을 던져라! 신은 당신의 고민거리를 영감을 통해 알려줄 것이다. 바로 그것을 현실에 실행하면 된다. 바로 그것이 중국 사업에서 성공하는 지름길이다.

3
중국 진출의
다양한 방법

최근 중국 경제의 경착륙을 우려하고 있는 가운데에서도 중국 투자는 꾸준히 증가하고 있다. 중국 정부는 구조조정을 위해 국영기업들을 M&A 시장에 내놓고 있다.

이전의 중국 투자는 대부분 신규 기업 설립에 의한 투자가 주류를 이루었으나 국유 자산의 대외 매각에 대한 법령 정비가 마무리됨에 따라 M&A를 통한 국영기업의 대외매각 건수와 금액이 급격히 증가하고 있다.

또한, 증권감독위원회, 상무부, 국유자산감독위원회, 재정부 등이 M&A 관련 법규의 운용 세칙을 준비하고 있어 M&A 시장은 더욱 뜨거워질 전망이다.

그동안 중국의 국영기업들에 대한 M&A가 부진하였던 배경을 살

펴보면,

1) 중국 내 M&A 관련 법규의 미정비
2) 국영기업을 정부가 소유권을 가지고 있어 정부의 관리가 국영기업을 매각하는 의사 결정을 하기가 어려움
3) 중국 국영기업의 자산이나 부채에 대한 재무제표의 불투명성.
이러한 현실적 환경이 M&A를 어렵게 만드는 요인으로 작용하였다.

그러나 후진타오(胡錦濤)의 신정부 출범과 함께 '국유자산감독관리위원회' 를 설치하여 국영기업의 대외 매각 업무를 총괄하고 있다. 중국이 이러한 정책을 강력히 추진하는 데는 아래와 같은 배경이 있다.

1) 국영기업의 부실이 금융 부실로 이어지는 악순환의 고리를 끊어버려야 할 필요성.
2) 대규모 해외 자본의 유입을 통한 선진 기술과 경영 노하우의 학습 필요성.
3) 여러 관계로 얽혀 있는 기존의 국영기업 조직으로는 해결이 어려움. 제3의 인수자가 처리하는 것이 내부의 모순을 해결할 수 있다는 점.

중국의 지방 관리들이 한국이나 일본 등 각국을 순회하면서 투자를 유치하는 이면을 들여다보면 중국의 기존 부실기업을 매각하려는 의도가 담긴 투자 요청 항목이 적지 않다. 중국 정부 내 관리들의 소

식에 의하면, 관할 지역의 부실기업 매각에 대한 실적 관리가 내부적으로 시행되고 있어 M&A 주선이 더욱 활발해질 전망이다.

M&A 관련 법규의 정비

1) 2002년 10월, 상장회사 주주지분변동 정보 공시 관리법

2) 2002년 10월, 상장회사 M&A 관리법

3) 2002년 11월, 상장회사 국유주 및 법인주의 외국인 투자자로의 양도에 관한 통지

4) 2003년 11월, 외자를 이용한 국영기업 개조에 관한 잠정 규정

5) 2003년 3월, 외국인 투자자의 중국 국내기업 인수합병 잠정 규정 등의 법규를 정비하여 외국 자본이 비교적 자유롭게 중국 국영기업을 인수할 수 있도록 하고 있다.

중국 기업을 인수하는 방식은 대부분 협의에 의한 방식이 주류를 이루고 있다. 최근에는 공개적으로 M&A가 진행되는 등 인수 방식이 다양화되고 있는 추세이기는 하지만 아직 완전 경쟁의 여건이 조성되어 있지 않아 정보의 비대칭성이 상당히 존재한다. 따라서 공격적인 M&A가 이루어지기란 쉽지 않다. M&A가 많이 진행되는 지역은 경제 발전이 이미 상당히 이루어진 상하이나 광동성 일대, 양쯔강(長江) 삼각주 지역이 주류를 이룬다. 이 같은 경향은 이들 지역이 개방의 역사가 오래되어 비교적 재무와 경영 상황이 투명하게 관리되고 있어 다른 지역에 비해서 상대적으로 신뢰할 수 있다는 점에서 기인한다.

또한, 잘 정비된 경제 기반시설과 우수한 인재의 확보가 용이하다는 점도 작용하고 있다.

1 ▪ M&A를 통한 진출 시 장점

첫째, 중국 정부의 정책적 지원을 이끌어낼 수 있다.

계약 당사자의 한 축인 정부에게 -모두가 정부라는 의미가 아닌 대부분 정부와 관련이 있다는 의미이다- 인수 기업의 생존에 대한 다양한 방면의 정책적 지원을 계약 시 성문화할 수 있다. 전문 경영인이 아닌 공무원 수준에서 관리하던 골칫덩이 국영기업을 인수한다는 명분으로 다양한 배려를 이끌어낼 수 있다. 정부 정책에 의해 시행됨으로써 인허가, 조세 감면, 금융, 자원 이용, 홍보 등 특혜에 가까운 혜택을 받을 수도 있다. 지방 보호주의의 적절한 활용도 전략적으로 접근하면 진입 초기의 어려움을 상당 부분 회피할 수 있다.

둘째, 해당 업종의 시장 지배력과 유통망을 인수할 수 있다.

대부분의 국영기업들은 각 분야에서 오랫동안 영업을 해왔기 때문에 동종업계에서는 상당한 시장 지배력을 보유하고 있다. 그리고 누적된 정보와 인력을 저렴한 비용으로 활용할 수 있다. 외국기업이 새로운 회사를 설립하여 중국 내수시장에 진출한다면 시장에 적응하는데 상당한 시일이 소요된다. 그러나 기존의 유통망과 인적 자원을 적절히 활용한다면 시간적 낭비 없이 단기간에 시장 침투가 가능하다.

셋째, 비교적 넓은 규모의 토지 건물 등을 확보할 수 있다.

직접 투자에는 토지 사용료 및 임차료, 출연금 등 적지 않은 부담을 떠안아야 하지만, 국영기업의 인수 협상 시 토지 사용에 관한 전략적 접근으로 기존의 부동산을 헐값으로 매입하거나 무상사용 등 좋은 조건으로 매입이 가능하다. 중국도 부동산 가격이 가파른 상승세를 타고 있어 향후 보유 부동산 가치 상승에 따른 이익도 기대할 수 있다.

넷째, 초기 투자 자금을 최소화할 수 있다.

M&A 대상 기업들은 대부분 거액의 부채를 안고 있는 경우가 많아 자연스럽게 기존의 대출을 신설 법인 명의로 차주 변경함으로써 초기 투자 자금을 최소화할 수 있다. 이 경우 인수 계약 시 장기적이고 저렴한 대출 이자율 적용을 관련 은행으로부터 약속을 받아내야 함은 물론이다.

2 ■ M&A를 통한 진출 시 주의점

M&A를 통한 중국 시장 진출 방식은 적지 않은 이점에도 불구하고 조금만 방심하면 엄청난 함정에 빠질 수도 있다. 주의해야 할 점들을 살펴보면 다음과 같다.

첫째, 중국의 국영기업은 오랫동안 적자가 누적되어 왔기 때문에 기술, 설비, 경영 방식 등이 낙후되어 있어 인수 후에는 기존의 것들이 무용지물이 되거나 오히려 부담이 될 수도 있다. 인수 전에 전문가와 함께 기존 설비에 대한 철저한 현장 조사가 병행되어야 한다.

둘째, 기존 종업원들을 무더기로 고용 승계하다가는 노사 분규에 휘말릴 가능성이 많다. 계약 시 반드시 노동의 유연성을 확인할 필요가 있다. 지금까지 사회주의 사상으로 무장된 기존 종업원들을 구조 조정하려면 극심한 반발에 시달릴 수 있다. 또한, 기존 직원과 퇴직자들에 대한 사회 복지 부담금도 세세히 확인해야 한다.

셋째, 중국 측이 제시하는 재무제표는 신뢰성이 없다. 숨겨진 채무나 인수 후 우발 채무가 무더기로 발생할 소지가 많다. 외상 매출금 등은 대개 받을 수 없는 장부상의 숫자에 불과하다는 것도 염두에 두어야 한다. 인수자가 지명하는 공정한 실사단을 투입하여 자산 하나 하나를 대조하면서 체크하고 평가하여야 한다.

넷째, 대부분의 M&A 계약이 정부가 결정하고 실행 단위는 현지법 인인 경우가 많아 책임 소재가 불명확하다는 점도 유의해야 한다. 정부 관리가 최종 결정을 하지만 M&A 대상 현지법인의 법인 대표는 마지못해 동의하는 경우가 많아 나중에 실질 수속에서 협조를 얻기가 쉽지 않음도 염두에 두어야 하겠다.

이 문제를 해결하는 방법의 하나는 인수 협상을 진행하며 기업의 지분을 소유한 정부와는 공식적인 관계로 접촉하고, 법인을 실질적으로 경영하는 책임자를 비공식적인 자리에서 만나 M&A 성사 시 금전적인 보상이나 일정 기간 동안 직급의 유지하겠다는 등 유화책을 쓸 필요가 있다. 이 경우 회사 내부의 문제점이나 협상에 유리한 정보를 얻을 수 있음은 물론이다.

중국에 진출하는 방식으로 아직까지 우리 기업들은 대부분 새로 공장을 짓고 생산 설비를 설치하는 그린필드(Greenfield) 방식으로 진출하였다. 중국이 인허가 등에 있어 적극적으로 도와주는 등 정책적인 배려를 하고 있으나 공장을 건설하고, 협력업체를 발굴하고 관리하며 신규 거래처를 확보하는 일은 어느 것 하나 만만한 것이 없다.

중국에 진출하는 목적에 따라 M&A 방식에 의한 접근은 단기간에 효과를 볼 수 있는 방안이기는 하지만 전략적인 접근과 인맥이 필요한 영역이다. 반드시 중국 현지 지방정부와 해당 업종에 정통한 전문가나 M&A 전문회사를 찾아 자문을 받으면서 추진해야 성공 가능성을 높일 수 있다.

| 한류를 활용한 중국 진출 |

한류(韓流)라는 말이 처음 나왔을 때 중국인들은 속으로 철없는 신세대들 사이에 일시적으로 유행하다가 없어질 것으로 생각했던 것 같다. 한류의 열기가 대단한 것처럼 보이지만, 일반 도시 주민의 생활에는 크게 영향을 미치지 않는다는 주장도 있다.

그러나 한류의 유행 추세는 동아시아 전역으로 광범위하게 퍼져 나가면서 한국 문화의 흐름이 자국의 문화 현상화하는 단계로 발전하고 있다. 우리 연예인들의 활동은 문화 상품의 수출뿐 아니라 중국에서 한국의 홍보대사 역할을 하면서 한국 이미지 제고에 큰 기여를 하고 있다.

한류가 중국에서 폭발적 인기를 누리는 데는 중국 사회의 구조적 모순 때문이다. 중국은 청조 말까지 5천 년의 역사를 이어오면서, 서양과 다른 독특한 동양 문화를 창조하여 주변국에 막강한 영향력을 행세하면서 아시아의 중심 국가로 자리해왔다.

그러나 서구열강의 식민지 쟁탈전과 일제의 침략, 공산 혁명으로 이어지는 격동의 소용돌이를 지나면서 전통문화의 적지 않은 단절을 가져왔다. 공산혁명 후 30년간 봉쇄된 죽의 장막과 문화대혁명의 영향으로 전통의 단절과 외래문화의 유입이 제한되었다. 개혁개방 이후에는 급격한 사회, 경제적 변화가 이루어짐으로써 세대간의 단절이라는 현상이 추가되었다. 중국인들은 이 같은 전통문화의 단절에서 오는 근원적인 불만을 가지게 되었고, 정부 당국의 직간접적인 통제로 인하여 새로운 문화에 대한 젊은 세대의 욕구만이 잠재되어 온 것이다.

우리의 TV 드라마나 음악은 동양의 전통과 신세대의 발랄함을 동시에 갖고 있다. 한국의 드라마는 중국인들이 자랑하는 동양 사상의 정수인 효사상, 가족애, 정의, 순수한 사랑, 가부장적인 전통, 따뜻한 모정 등을 고스란히 담고 있어 그들에게 감동을 준다. 또한, 그 들이 이제 누리기 시작한 물질의 풍요로움에 대한 동경심 등도 많이 작용했다.

즉, 주인공이 직접 자동차를 운전하는 것, 호텔, 콘도미니엄, 깨끗하게 정리된 도시, 지하철 문화, 한국인들의 화려한 의상과 화장 등 그들이 장래 가지고 싶은 것들을 드라마 주인공들은 현실에서 그것을 향유하고 있다. 그들은 한국의 탤런트들을 통하여 대리 만족을 즐기고 있는 것이다. 유교의 종주국은 중국인데도 중국에서는 거의 잊혀져 가는 것들을 한국에서 그렇게 전통에 충실하면서도 세련되게 발전시키리라고 꿈에도 생각하지 못했던 것이다.

한국 가수들의 빠른 댄스뮤직과 현란한 몸동작은 억압 속에 잠재되어 온 중국인들의 욕구를 분출하는 데 안성맞춤이었다. 서양의 음악은 중국인들이 그대로 받아들이기에는 상당한 이질감이 있지만, 한국의 음악은 서양의 음악을 동양 정서와 문화에 맞게 재해석한 스타일로 중국의 청년과 N세대들의 문화적 욕구를 거의 완벽하게 채워주었다. 이 같은 이유로 폭발적 호응을 얻게 된 것이다.

H.O.T가 처음으로 중국 베이징의 체육관에서 공연을 가진 다음 날, 베이징에서 가장 많은 독자를 가진 신문인 베이징만보(北京晚報)를 받아 들고는 필자는 경악하고 말았다. 좀처럼 속내를 드러내놓지 않는 그들이 이렇게 썼다.

'한국 H.O.T 공연은 중국 유사 이래 가장 열광적인 공연 무대였다.'

중국 사회는 마오쩌둥 사상을 기본 틀로 유지하면서, 개방에 따르는 대중문화도 수용함으로써 사회 안정을 위한 수단으로 활용하고 있다. 특히, 중국의 1자녀 갖기 정책으로 태어난 중국의 N세대는 경제적 어려움 없이 자라나 사회적 책임감보다도 거리낌 없이 감각적인 문화에 열광한다. 이러한 사고방식이 한류를 확산시키는 하나의 배경이 되었다고 볼 수 있다.

한국 사회도 빠르게 변화하고 있지만, 중국 사회의 변화 속도는 한 마디로 엄청나다. 중국 사회의 변화는 시간적으로 연속되어 단계를 밟아 가는 변화가 아니다. 여러 세대들의 사고방식과 문화가 섞이면서 갖가지 새로운 색깔을 내면서 변화한다.

한국의 드라마나 가요가 흥미와 재미를 추구하는 서구 문화의 형식에 동양적 요소인 휴머니즘이나 권선징악 사상 등을 주제로 하기 때문에 경박하고 저질스럽지 않아 거부감이 없으면서도 재미와 감동을 동시에 느끼게 한 점도 매우 긍정적으로 작용했다.

중국과 동아시아 N세대들이 열광하고 있는 한류는 이제 가요나 TV 드라마의 범위를 벗어나 한국의 대표적 문화 상품이 되었고, 한국의 국가 이미지 제고에 커다란 역할을 함으로써 무역 확대 정책의 중요한 수단으로 발전하는 과정에 있다. 이러한 한국의 음악, 드라마, 연예인들에 대한 관심은 한국 문화 전반에 대한 호기심과 친밀감으로 발전하고 있다.

이것은 음반 판매, 각종 TV 드라마의 수출, 인기 연예인의 광고 계약 등 직접 효과에서 점차 한국 식당, 한국 식품, 한국의 전자제품, 한국 자동차, 한국 게임 등 판매 호황으로 확산되고 있는 것이다. 그러나 한류를 조직적으로 소개하고 마케팅에 전략적으로 활용하는 노력은 별로 보이지 않는다. 우리의 문화 상품과 인프라를 사업과 직접 접목시키지 못하고 있는 현실이 안타깝다.

1 ▪ 한류에 대한 지원

한류를 지속적인 문화 현상으로 유지하기 위해서는 국가적 차원의 노력이 필요하다. 한국 정부는 다양한 루트를 통하여 연예인들의 중국 내 활동을 적극적으로 나서서 도와주어야 한다. 중국은 공연이나 음반 발매 등에 있어 정부의 통제와 간섭이 심한 시스템이다. 정부가 나서서 도와주지 않으면 개인이나 소규모의 기획사가 중국 정부를 상대하기에는 상당한 어려움이 따른다. 특히, 주중한국대사관과 한국문화원의 적극적인 지원이 필요하다.

중국에서의 한류 확산에는 전 주중한국문화원 원장(현 해외홍보원 장세창 원장)의 노력이 상당한 밑거름이 되었다. 한국 가수들이 공연을 가질 때마다 문화원이 나서서 중국 정부로부터 공연 허가를 얻어내는 등 많은 문제를 해결해 준 것이다.

또한, 한국문화원 내에 중국인들을 대상으로 한국어와 한국 노래를 가르치는 프로그램을 두어 중국 청소년들에게 한국을 알리는 데 큰 역할을 하기도 하였다. 우리는 문화 진흥 정책에 있어서도 근본으로 돌아가 원칙에 충실할 필요가 있다. 국내의 문화적 기반을 다지고, 전 세계의 다양한 문화를 소화해 낼 수 있는 문화적 역량이 있어야 해외로의 문화 수출이 지속될 수 있다. 보다 많은 공연 전문단체와 업체들의 설립을 지원하고 능력 있는 전문가를 양성하는 정책이 필요하다.

이런 점에서 중국 전문 공연기획사인 우전소프트의 노력과 능력은 평가할 만하다. 김윤호 사장은 우리 가요의 불모지인 중국 베이징에 진출하여 한국을 알리는 데 무척 많은 고생을 한 사람이다. 한국 가수들의 중국 공연은 대부분 김 사장의 주선으로 이루어졌다. 김 사장은 중국 공연기획 분야에 내공을 쌓은 고수임에 틀림없다.

문화 교류는 일방적인 것이 될 수 없음을 명심하고, 우리가 먼저 자발적이고 창의적인 문화 교류 촉진 활동을 주도해야 한다. 상대 국가의 문화적 우수성도 인정하고 수용하는 태도를 갖추는 것이야 말로 문화 선진국이 될 수 있는 첩경임을 인식해야 한다.

2 ▪ 한류와 마케팅

한류가 중국 사회에 뿌리를 내리고 지속성을 유지하기 위해서는 차별화된 경쟁력을 확보할 필요가 있다. 한류의 소비자인 그들에게 공급자로서 어떠한 서비스를 제공해야 그들을 만족시킬 수 있는지 그들의 시각에서 핵심을 파악해야 한다. 그리고 역량을 한 곳에 집중하여 목표 시장을 무차별 공략함으로써 거점을 확보하는 전략이 필요하다. 확보된 거점을 바탕으로 다양성을 더하고 확장하는 전략이야말로 성공 가능성이 큰 방안이다.

즉, 현재의 중국 청소년층에서 확실한 거점을 확보한 후 중장년층에게 적용될 수 있는 컨텐츠를 개발하여 확장하는 방안이다. 중국 공산당도 항일 전쟁에서 이러한 전술로 거점을 확보하고 인근 지역으로 확장하는 전략으로 살아남았다. 우리는 중국의 신세대에 특히 주목하면서 그들의 요구에 맞는 한국의 문화를 적극적으로 개발하여 소개하는 중장기 계획을 세워야 한다.

또한, 한국의 가수가 며칠간 중국을 다녀가는 일회성이 아닌 지속적인 이벤트를 만들어야 한다. 그리고 한국 기업들도 이들을 적극적으로 활용하는 태도의 변화가 필요하다. 중국에 진출한 한국의 중소기업들은 중국 내수시장 진출에 기업의 사활을 걸고 있다. 한류에 공감하는 특정 계층을 목표 시장으로 삼아 집중 접근하는 전략을 구사하면 단시일에 목표 시장을 확보할 수 있다.

한류가 경제적 이익과 연결되려면 중국의 주요 소비계층인 30~50대를 끌어들여야 한다. 어떤 전문가는 한류의 주역인 10대 20대들이 구매력을 갖는 10년 이후를 내다보아야 한다지만 10년 후에도 그들이 계속 한국 문화에 매력을 갖는다는 보장은 없다. 또한, 한국의 문화가 중국의 다양한 계층이 공감하고 쉽게 모방할 수 없는 깊이를 가지지 못한다면 모방력이 강한 중국에서 오래가지 못할 가능성이 크다.

기업들은 문화 교류의 소산인 한류를 마케팅에 활용하는 데 주저하지 말아야 한다. 현대에는 문화 교류에도 막대한 자금이 필요하다. 기업은 한류의 주역들을 기업의 홍보 수단으로 활용하고 새로운 영역을 개척하는 전략이 필요하다. 한류를 사업에 활용하는 장기적이고 종합적인 마케팅 전략을 갖고 중국 사회에 공헌하면서 꾸준히 추진되어야 한다.

Part 04

중국 진출을 위한 기본기

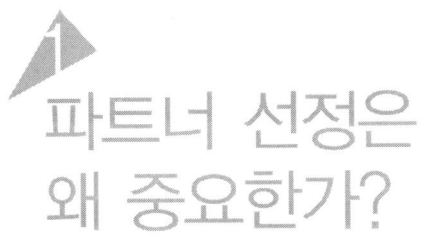

파트너 선정은
왜 중요한가?

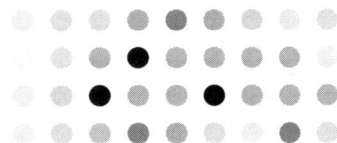

　　교통과 통신의 발달, 그리고 인터넷의 광범위한 보급으로 글로벌화가 급속히 진전됨에 따라 해외 사업의 성공을 위해서는 파트너의 선정이 대단히 중요한 일이 되고 있다. 유능하고 성실한 파트너와의 만남이야 말로 사업 성공의 첫 단추이다. 중국과의 무역이나 투자에서도 사업 파트너의 선정이 성공을 가름하는 중요한 변수로 등장하고 있다.

　　단독 투자를 할 경우에는 파트너가 필요 없다. 그러나 중국 내수시장 진출을 목표로 할 경우에는 문화적 차이, 상이한 상관습, 지방 보호주의 등 진입 장벽을 뛰어넘기 위하여 해당 업종에 경험과 인맥을 가진 파트너의 선정이 필수적이다. 파트너 선정에 있어 가장 중요한 사항은 어떤 기업을 투자 파트너로 삼는가의 문제일 것이다.

　　중국에 투자한 기업들을 살펴보면, 제조와 유통을 동시에 하는 중국 동종 업체와의 결합이 가장 성공률이 높다는 평가를 받고 있다. 정부기관과의 훌륭한 꽌시가 있는 기업도 고려해 볼 만하지만, 그보다는 동종업계의 업체와 파트너와 관계를 맺으면 인재의 조달, 노무 관리, 대정부 관계, 원부자재 공급, 유통망, 중국 은행의 이용 등 여러 방면에 걸쳐 도움과 협력을 받을 수 있어 합자의 장점을 고스란히 누릴 수 있다.

사업 파트너 선정은 결혼과 같다. 훌륭한 선남선녀가 있어야 하고 우연한 기회에 마주쳐서 알게 되던가, 혹은 중간에 양쪽의 사정을 잘 아는 적당한 중매자가 나서서 소개를 하여야 한다. 기업의 규모와 상관없이 사업을 하는 사람들도 여러 기회를 통하여 서로 만나고 교류가 이루어진다. 우리가 중국 대륙 기업인들이나 공무원들을 많이 만나게 된 것은 15년 전쯤부터가 아닌가 생각된다.

중국의 개혁개방 정책이 어느 정도 방향을 잡아가는 시기 중국 정부는 한국을 겨냥하여 산동 반도 지역을 한국과의 교류의 전진 기지로 삼고자 각종 우대 조치를 취하기 시작하였다. 게다가 한국에 살고 있는 화교들의 고향이 대부분 산동 지방이었던 점도 크게 작용하였다. 또한, 우리와 유사한 성격과 기후 환경 그리고 결정적으로 거리가 가까워 물류비용의 절감이 크게 작용하였다. 이는 우리의 중소기업들이 산동 반도에 집중 투자하였던 동기가 되었고 많은 파트너를 그 지역에서 만났다.

또한, 중국 진출 초기에는 적지 않은 우리 기업들은 동북 3성(흑룡강성, 길림성, 요령성) 출신인 조선족들의 소개로 투자하였다. 아직 그 결과를 평가하기는 어렵지만 많은 기업들이 파트너를 잘못 소개받고 실패했다. 개인과 기업, 그리고 국가적으로 커다란 손실이 아닐 수 없다.

최근에는 중국의 각 지방정부의 공무원들이 한국의 지방 공단을 순회하면서 혹은 호텔을 빌려 투자 유치 설명회를 개최하여 한국의 중소기업들에게 갖가지 특혜 정책과 우대 조치를 약속하며 기업 사냥에 열을 올리고 있다. 중국 진출을 고려하는 기업으로서는 파트너를 만날 수 있는 좋은 기회가 되긴 하지만 경계심을 늦추지 말아야 한다.

기업을 유치하려는 공무원의 말만 믿고 섣불리 투자나 파트너를 결정해서는 안 된다. 대부분의 중국 공무원들은 투자 유치에는 열을 올리고 막상 진출해 놓고 보면 도움이 별로 되지 않는다는 것이 정설이다. 중국 정부의 투자 유치 설명회는 큰 비용 들이지 않고 한국에서 그곳의 투자 환경을 브리핑 받는 정도의 기회로 활용하는 신중함이 필요하다.

중국에 투자하거나 무역 거래에서 파트너를 만나는 일은 국제적으로 일어나는 일이기 때문에 상대를 장기간 관찰하거나 쉽게 상대에 대한 조사를 할 수 없는 경우가 대부분이다. 한두 번 만나서 혹은 팩스나 이메일로 짧은 시간 내에 결정하여야 하는 어려움이 있는 것은 현실이다. 또한, 우리나라 사람들은 너무 즉흥적이고 너무 쉽게 파트너를 결정하고 믿어 버리는 경향이 있다.

중국인들은 우리에 비하여 장기간 관찰하면서 상대를 평가하기를 좋아한다. 조급하게 한두 번 만나 술자리에서 '따꺼(大哥: 형님)' 혹은 '펑여우(朋友: 친구)'라고 함부로 부르며 모든 일이 다 된 것으로 생각하는 사람들이 의외로 많다.

중국인들은 '삼사이행(三思而行: 세 번 생각하고 행동한다)'과 '화비삼가(貨比三家: 물건을 살 때 세 군데 상점의 것을 비교한 연후에 구매한다)'

를 의사결정의 기본 틀로 삼고 있다. 사귄 지 3년이 안 된 사람과 친구 관계를 맺지 않는 중국인들의 신중하고 보수적인 교우관(交友觀)을 생각하면 한국인들은 너무 서두르는 경향이 있다. 중국인들은 한두 번 만난 한국인이 자기를 친구라고 하면 면전에서는 좋다고 할지 모르지만 속으로는 경솔한 사람이라고 생각한다.

한국 기업이 중국에 진출하여 성공하기란 정말 어려운 일이다. 한국에서 사업하는 것보다 몇 배 어려웠으면 어려웠지 결코 쉽지 않다. 낯선 이국땅에서 사업을 하다 보면 겪어보지 않은 사람은 감히 짐작하기조차 어려운 문제들과 부딪치게 된다. 이때 현지에 어려움을 같이 할 수 있는 훌륭한 파트너가 있다면 비록 어려움이 있더라도 극복할 수 있는 방안과 대책을 세울 수 있다. 물론 정신적으로도 의지가 됨은 물론이다.

훌륭한 파트너를 선정하는 데 있어 우리가 종종 잊어버리고 있는 것이 있다. 다름이 아니라 그것은 내가 훌륭한 파트너가 될 수 있는 기본적 조건을 갖추고 있어야 한다는 점이다. 내가 그들의 파트너로서의 기본적 자격을 갖추고 있지 않으면서 좋은 파트너를 찾는다는 것은 자기를 속이고 조건 좋은 사람과 결혼을 하려고 하는 심보와 다름 아니다.

파트너는 내가 가지지 못한 장점들을 가지고 있어 결합하면 서로에게 WIN-WIN 할 수 있어야 이상적이다. 사업 파트너는 상대가 가지지 못한 경영 자원을 내놓고 서로 화합하여 이익을 추구한다. 만약 파트너가 상대가 기대하는 것을 가지고 있지 않거나 가지고 있더라도 내놓지 않으려 한다면 두 기업의 결합은 깨어질 준비가 된 것이나 다름없다. 남녀간에도 서로에 대한 배려와 의리, 그리고 애정이 기본이 듯이 기업 간에도 똑같은 덕목이 파트너 관계를 유지하는 데 필수적이다. 사업 파트너 몰래 딴 눈을 팔아서는 당장 문제가 생기게 마련이다. 서로 신뢰를 확보하는 것이 대단히 중요하다.

신뢰라는 것은 몇 개월 만에 갑자기 생기는 것이 아니다. 수년간 여러 가지 어려움을 서로 처리하고 해결하는 과정에서 서서히 굳어지는 것이다. 상대가 어려움에 봉착했을 때 정성을 다하여 도와주는 태도와 열성은 상대편에게 적지 않은 감동을 줄 수 있을 일이다. 한국 기업인들은 생색내기를 너무 좋아하는 것 같다. 파트너의 도움을 받은 기업은 말하지 않아도 알게 마련인데 생색을 냄으로써 효과를 반감시키거나 상대에게 상처를 주기까지 한다. 이점은 우리가 특히 조심해야 할 대목이다. 덕은 보이지 않는 곳으로부터 차츰 쌓이는 것이 아닌가?

파트너를 선정할 때는 상대에 대한 충분한 조사와 테스트가 필요하다. 상대를 조사하고 평가하는 데 회사의 역량이 부족하면 그 방면의 전문가를 찾는 것이 효율적이고 보다 객관적인 평가를 할 수 있다. 내가 상대에 대하여 세밀히 조사한다는 것은 상대도 나를 세밀히 관찰하고 테스트하고 있다는 것을 의미한다. 좋은 파트너를 만나는 것은 내가 좋은 파트너가 될 수 있는 조건을 충분히 갖추고 있을 때만이 가능한 일이라는 것을 염두에 두어야 하겠다. 중국과의 사업에서 성공하는 지름길은 첫 단추를 바르게 끼는 것으로 출발하며, 성공은 좋은 파트너를 만나는 것에서부터 시작된다.

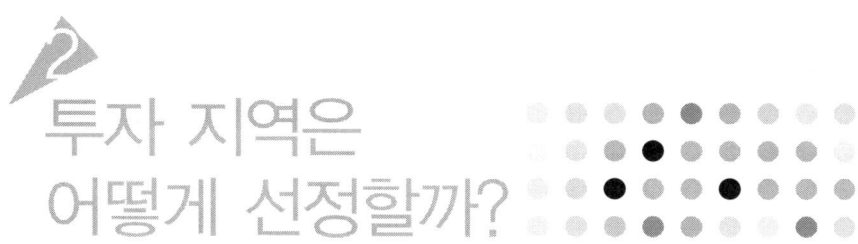

투자 지역은
어떻게 선정할까?

　중국 사업을 추진하면서 큰 고민 중의 하나가 투자 지역 선정의 문제이다. 중국은 넓고 다양해서 지역 선정은 간단한 문제가 아니다. 투자 지역 선정은 중국 투자 목적과 업종에 관련이 많다.

　중국 투자 지역은 크게 경제 개발구, 고신기술 개발구(高新技術開發區), 일반 도시 지역이나 외곽 지역 등으로 나누어 볼 수 있다. 각각의 투자 지역별로 투자 기업에 대한 우대 혜택이 다르고 투자 환경도 다르기 때문에 투자 목적과 자신의 경영 자원을 평가하여 지역을 선택하게 된다.

　중국 투자가 인건비 절감을 위한 것일 경우에는 노동력의 질과 임금을 집중적으로 따져 원가 절감에 가장 유리한 지역을 선택하면 된다. 제3국으로의 수출을 위한 투자라면 원부자재의 조달과 수출입의 편리성을 고려하면 될 것이다. 또한, 중국 내수시장진출이 목적이라면 투자 지역 인근의 경제 상황과 시장의 규모 그리고 물류비의 절감과 내수시장 개척에 유리한 지역을 선택하면 된다. 이처럼 중국 투자의 목적에 따라 지역 선택은 달라질 수밖에 없다.

| 지방 보호주의 사회 |

중국은 전통적으로 우리보다 훨씬 더 지방자치가 잘 되어 있다. 물론 강력한 중앙집권 체제이지만 지방분권 또한 잘되어 있어 지방 보호주의가 강하게 작용하는 사회이다.

예를 들면, 연고가 없이 타 지역의 식품이 해당 지역에서 팔리려면 적지 않은 진입 장벽을 거치고서야 가능하다. "上有政策, 下有對策(중앙정부에는 정책이 있고, 지방정부에는 대책이 있다)" 이라는 말처럼 중앙의 정책이 지방에 내려와서는 상당히 왜곡되어 시행되는 경우가 적지 않다. 각 지역 경제권의 특성에 따라 유무형의 장벽이 존재한다. 물류비 부담도 적지 않아 외국으로부터 수입하는 것이 오히려 원가 측면에서 적게 드는 경우도 종종 발생한다.

지방 경제의 발전이 해당 지역민들의 생활과 밀접히 관련되어 있어 타 지역의 기업이 만든 물품이 자기 지역에서 잘 팔릴 경우 상대적인 박탈감을 느끼는 것 같다. 해당 지역의 경제 발전을 책임진 공무원들의 폐쇄된 관념과 꽌시가 얽혀 있는 기업인들과 공무원들의 결탁도 타 지역 제품의 진입을 어렵게 하는 한 요인으로 작용한다.

반대로 이러한 지방 보호주의를 활용하는 전략도 유효하다. 즉, 해당 지역에 진출하여 지방정부로부터 지원을 받거나 정책적으로 보호를 받으며 경쟁력을 키우는 방안을 활용하는 것도 하나의 방법이다.

특히, 생산 제품을 진출 지역의 정부나 국영기업에 독점 납품한다든가 하는 것은 진출 초기 시장을 확보하는 데 큰 도움이 되리라고 생각한다.

| 물류비 비중 |

알다시피 중국은 대단히 넓은 지역으로 분산되어 있어 하나의 경제권에서 타 권역으로 이동하는 데는 국가 간의 장벽에 버금가는 운송의 문제가 도사리고 있다. 경제성장이 너무나 급속히 진행되다 보니 물류비를 절감할 수 있는 기본적인 인프라가 제대로 갖추어 있지 못한 경우가 허다하다. 중국산 차량이나 수송기계 등은 고장이 잦아 유지비용이 만만치 않게 든다.

중국 내수기업의 유통 마진의 절반 이상이 물류비용인 것만 보아도 물류비의 비중을 짐작할 수 있다. 정부기관이나 투자 파트너는 운송에 대해서는 별문제 없다는 주장을 하지만, 진출 후 막상 현실적으로 부닥치다 보면 엄청난 물류비에 놀라게 된다. 다만 중국도 엄청난 속도로 물류 인프라 구축에 노력하고 있다. 현재의 상태가 다소 불편하더라도 중앙이나 지방정부가 정책적으로 물류 문제를 개선할 것이 확실한 지역이라면 투자를 고려해 볼 만하다.

| 고급 인력 확보 |

"인사(人事)가 만사(萬事)"라는 말은 중국 사업에도 해당되는 말이다. 중국은 13억이라는 인구가 있으나 막상 기업에 꼭 필요한 인재를 확보하는 일은 쉽지 않다. 양질의 노동력이 필요한 업종은 진출 지역에 대한 인력 채용 구조와 그들의 근무 태도나 문화 등에 대해서도 심도 있는 검토가 이루어져야 한다.

약간의 급여 차이에 따라 이직을 수시로 하는 지역이 있는가 하면 철밥통 개념으로 입사하는 지역이 혼재해 있는 곳이 중국이다. 투자 지역 인근에 고등기술학교나 전문대학 등이 있다면 장기적인 안목에서 학교와 자매결연을 하고 실습 장소를 제공하거나 장학금 등을 제공함으로써 유대를 강화하여 장기적으로 인력을 충원할 수 있다면 더욱 좋겠다.

한 가지 언급하고 싶은 것은, 중국에 진출한 한국 기업들에게 두드러진 현상으로 현지에 진출해 있는 한국의 경쟁업체 직원을 스카우트함으로써 상대편 기술을 빼내거나 임금을 올려놓아 진출업체끼리 불편한 관계로 지내는 기업들이 적지 않다는 것이다. 안타까운 일이 아닐 수 없다.

| 기본 인프라 체크 |

최근 중국의 에너지 사정은 상당히 악화되어 지역에 따라 예고 없이 단전 단수가 되어 공장 가동을 중단하는 경우가 많다. 항만, 도로, 비행장, 전기, 전화, 인터넷 전용선 등의 기본적 인프라 체크 리스트를 만들어 세밀하게 체크하여야 한다. 진입도로의 자비 건설 혹은 엄청난 전기 증용비 등 생각지도 않은 비용이 드는 경우가 발생할 수도 있음을 주의해야 한다.

또한, 중국 정부는 환경오염의 심각성을 인식하고 공해배출업종은 진입에 상당한 제한을 가하고 있다. 투자를 유치하는 분야의 공무원들은 별문제 없는 듯이 이야기하지만 막상 공장을 건설하여 가동할 시점에 환경오염을 관할하는 기관의 검사를 반드시 받도록 하는 경우가 대부분이다. 투자액의 수배에 가까운 엄청난 오폐수 처리 시설을 요구하는 경우도 종종 발생한다. 만약 진출 기업이 정부의 요구에 앞서 오염 물질의 배출이나 공기오염의 원인을 사전에 제거하는 설비를 한다면 지방정부로부터 상당히 좋은 평가를 받을 수 있다. 진출 지역을 결정하기 전에 모든 인프라 조건을 반드시 체크해야 한다.

| 정부의 우대 정책 여부와 인허가 수속의 용이함 확인 |

중국에 진출하려고 여러 가지 사항을 검토하다 보면 중앙정부나 지방정부로부터 인허가를 받아야 하는 경우가 적지 않다. 다행스럽게도 정부의 우대 정책이 시행되고 있거나 장려 업종이라면 수속에 별문제가 발생하지 않는다.

그러나 사업의 수익성이 높은 항목이나 업종에는 까다롭게 장벽을 처놓고 정부와 꽌시가 있는 인사에게 특혜 인허가를 해주고 뒷돈을 챙기는 일들이 적지 않다. 이런 경우에는 이 방면에 있어서 영향력을 행사하는 중국의 지인이나 인맥을 통하면 사업상의 특혜를 받을 수 있다.

진출 고려 지역에 친밀한 관계의 인사가 있다는 것은 심정적으로 안정감을 주는 요인이 된다. 투자 지역에 역량 있는 인사가 있고 정부의 우대 정책에다 복잡한 인허가 수속의 편의를 받을 수 있다면 금상첨화가 아닐 수 없다. 투자 후에도 이러한 좋은 관계가 유지된다면 어려움이 발생하더라도 많은 도움을 받을 수 있을 것이다. 물론 도움에 대한 고마움을 잊지 않고 보답하는 성의를 보여야 관계는 오래간다.

| 현지 방문과 사전 조사 |

투자 지역이 선정되면 현지 방문을 통하여 확인하는 과정을 반드시 거쳐야 한다. 자료를 모으고 들은 내용들을 정리하여 체크 리스트를 만들고 현장으로 가서 조사를 실시해야 한다는 뜻이다. 물론 현지의 사정에 정통한 전문 조사기관이 있다면 자체 조사와 병행하여 활용하는 것도 좋은 방법이다. 객관적으로 평가할 수 있다는 장점 이외에도 회사에서 미처 검토하지 못한 문제를 발견할 수 있고, 잘못을 사전에 수정할 수 있는 기회를 가질 수 있다.

현재 중국에 관한 정보와 자료는 넘쳐나고 있다. 그리고 중국 현지에는 KOTRA, 한국수출입은행, 무역협회, 대사관 경제과, 중소기업진흥공단, 재중한국상회, 재중한국인회, 각 은행지점 등 한국 기업의 중국 진출에 도움을 주는 기관이 적지 않다. 이런 우리의 기관에서 자료를 수집하고 조언을 듣는 것만으로도 자료 수집 측면에서는 충분한 경우가 많다.

현재 중국에 진출해 있는 공공기관의 직원들은 상당한 노하우를 체득한 중국 전문가들이 대부분이다. 이런 전문가 집단으로부터 거의 무료에 가까운 비용으로 양질의 자료를 활용할 수 있으나 이용하는 사람들이 많지 않다고 하니, 참으로 안타깝다. 그리고 어느 지역을 가더라도 현지에 진출한 우리의 기업들이 있다. 먼저 진출한 기업들로부터 현지 사정을 듣는 것도 필수적이다. 선배들이 겪은 실패를 똑같이 반복하는 일은 없어야 하겠다.

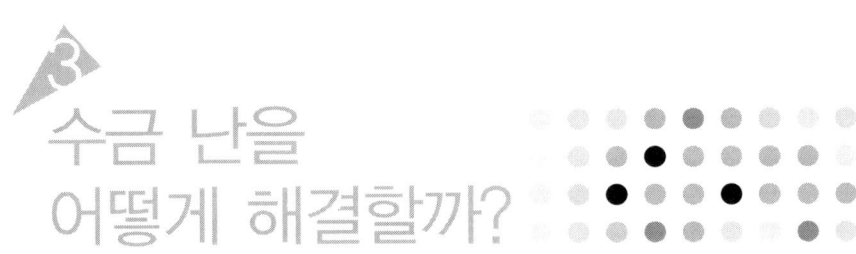

수금 난을
어떻게 해결할까?

　세계 어느 곳에서 사업을 하든지 간에 가장 중요한 일 중의 하나는 제품을 팔고 수금을 하는 일이다. 특히, 중국에서 사업을 하다 보면 물건을 팔기보다 수금하는 일이 더욱 어렵다. 외상 거래는 그 속성상 한 번 시작되면 반복적으로 일어나고 수렁처럼 점점 빠져들게 되어 있다.

　수금 난은 중국에 진출한 외자기업에게서만 일어나는 현상이 아니라 중국 내수기업들도 겪고 있는 관행적인 현상이다. 중국과의 무역이나 내수시장에 진출하려면 반드시 대금 회수에 대한 면밀한 검토와 계획이 이루어져야 한다.

　필자는 이것에 대한 분명한 전략을 가지고 있지 않다면 차라리 중국 사업을 시작하지 말라고 권하고 싶을 정도이다. 중국 사업의 성공은 수금 난을 극복하는 것에 달려 있다고 하여도 과언이 아니다.

| 외상 거래의 관행과 유혹 |

중국 내수시장의 물품대금 결제 관행은 판매 후 결제이다. 우리의 진출 초기 기업들은 우선 자사의 제품을 널리 알리고 보급하여야 한다는 강박 관념을 가지게 된다. 아무리 뛰어다녀도 팔리지 않으면 외상 거래를 트고 싶은 유혹이 일어나게 마련이다. 아주 특별한 제품으로 살 사람이 많아 상품의 품귀 현상을 겪지 않는 한 외상 거래의 유혹을 떨쳐 버리기란 쉽지 않다.

처음 진출하여 사업을 하다 보면 거래처 선정에 대하여 도무지 감이 잡히지 않는다. 거래 상대편에 대한 정보를 구하기도 어렵고 우량한 거래처를 개발한다는 것도 매우 어렵다. 어쨌든 물건을 팔아야 하는데 사람들이 관심조차 보이지 않으니 죽을 맛이다. 만약 대금의 일부를 지불하고(대개 30% 정도) 거래를 희망하는 업체가 있을 경우 거래를 트지 않을 수 없는 것이 현실이다.

그러나 중국 사업에서의 외상 거래는 떼여도 좋다는 각오가 되어 있지 않으면 아예 하지 말아야 한다. 오늘날의 비즈니스는 정보가 공개되고 경쟁이 치열하여 높은 마진을 확보한다는 것은 여간 어려운 일이 아니다. 마진이 적은 거래에서 미회수 채권이 발생한다면 그것은 고스란히 손실로 이어질 수밖에 없다.

중국 사업을 처음 시작하는 기업이라면 사업 초기 이윤이 적더라도 현금 결제를 하는 방침을 반드시 세울 필요가 있다. 그리고 사업 초기부터 너무 조급하게 성과를 내려고 무리하게 매출을 늘리려는 전략을 세워서는 안 된다. 삼성전자 베이징 법인장인 백학명 상무는 외상 거래가 있느냐는 필자의 물음에 "정신 나갔습니까?"라고 말한다.

이제 우리나라에서 중견 기업 규모만 되어도 대부분 중국 내수시장 개척을 위하여 현지에 사무소나 판매법인 혹은 현지 생산 공장을 가지고 있다. 본사에는 해외 사업을 관장하는 무서운 임원 하나쯤은 있어 현지 사정은 아랑곳 하지 않고 매월 매출목표 달성을 독촉하는 경우가 허다하다. 이런 경우라면 실패가 보장된다고 하여도 과언이 아니다. 본사의 매출 독촉에 현지 책임자는 뻔히 수금에 문제가 될 것임을 알고 있으면서도 밀어내기식 거래를 하게 된다. 결국 눈앞의 독촉에 현지 책임자는 결국 눈 덩이처럼 불어난 외상 매출 채권을 후임자에게 남기고 퇴사하거나 귀국 보따리를 싸게 된다.

한국에서 유명한 J사는 1996년 베이징에 진출하였다. 현지에서 생산 공장을 짓고 제품 생산에 들어갔다. J사 제품은 중국 내수시장에 판매하는 소비재였다. 그들은 투자 자금으로 1,700만 달러를 투자하였다. 인민대회당에서 엄청난 비용을 써가며 요란한 투자 조인식을 치르고 대대적인 TV 광고까지 하였으나, 결국 외상 매출금 미회수로 인한 영업 부진으로 2년 만에 철수하고 말았다. 이 회사의 경우 본사의 매출 독촉과 현지 책임자의 무모한 밀어내기로 실패를 자초하였던 것이다. 나중에 공적자금을 지원받은 이 업체는 결국 국민들의 혈세를 중국 땅에 쏟아 부은 꼴이 되고 말았다.

현지 사정을 잘 모르는 관리자가 매출 독촉을 하는 시스템으로 중국 사업을 접근해서는 안 된다. 차라리 현지 책임자에게 전권을 위임하여 중국 사정에 맞도록 현지화 경영을 하도록 하는 것이 더 효과적이다. 다만 현지에 강인한 승부 근성과 도덕성을 갖춘 책임자를 파견해야 한다.

사업을 하다 보면 어쩔 수 없이 외상 거래를 하게 되는 경우가 생기게 마련이다. 이 경우 회사 내부적으로 수금 책임제 같은 것을 만들어 시행하면 효과적이다. 영업사원이 자기가 맡은 거래처에 대해서 책임지게 하고 수금액에 비례하여 급여를 올려주든지 혹은 수당을 지급하는 방식을 채택하는 방식이다. 이 경우 한 직원에게 부여하는 신용의 한도를 정하여 과학적으로 엄격하게 관리한다면 유연성을 확보하면서 매출 신장을 기대할 수 있다.

회사의 내부자가 거래처와 결탁하여 수금을 방해하거나 문제를 일으켜 이 문제의 해결조로 금전을 요구하는 경우가 허다하다. 조그만 틈만 보여도 중국의 영업사원들은 이를 악용하여 개인적 이익을 챙긴다. 시스템이 잘못되어 내부 직원들이 해먹을 수 있는 여지를 제공하는 것은 회사가 잘못된 것이지 악용하는 자기들이 잘못이라고는 전혀 생각하지 않는다.

특히, 중국 도매상들의 사기성 거래에 주의하여야 한다. 중국의 도매상 중 적지 않은 숫자가 조직 폭력배들이 운영하거나 그들과 연계되어 있다. 겁을 주어 해당 지역의 독점권을 요구하거나 미수금을 떼먹는다. 그들은 그 지역의 토호가 많으며 당연히 권력기관들의 비호를 받는 경우가 많다. 또한, 물품 대금의 선 은행 입금을 요구하면, 위조 입금표를 팩스로 송부하거나 부도 수표로 결제하고 물건을 인수하고 나서는 입금을 취소하기도 한다.

필자의 회사도 얼마 전 베이징 시에서 40킬로미터 정도 떨어져 있는 화북성에 제품 10톤을 은행 입금을 확인하고 배송하였는데 그들은 3시간 사이에 은행 입금을 취소하고 말았다. 물론 배달은 완료되었고, 우리는 다음 날 입금이 취소된 것을 알게 되었다. 다행스럽게도 필자가 사귀어 두었던 인맥의 도움으로 며칠 후 무사히 물건을 되찾을 수 있었다. 우리 직원들이 그들의 창고에서 물건을 싣는 동안 수십 명의 어깨들이 몰려와 갖은 협박을 하였다고 한다.

현재 미회수 채권 때문에 물건을 계속 공급하고 있는 경우라면 당장 손실을 입더라도 과감히 거래 중단을 고려해 봐야 한다. 외상 거래는 마약이나 도박 같이 한 번 발을 들여 놓으면 끊기가 쉽지 않다. 그러나 그것을 끊지 않으면 그 수렁에서 빠져 나오기가 무척 어렵다.

베이징에서 중소기업을 하는 L사장을 최근 만났는데 어깨가 축 처져 있었다. 사업 초기 1억 미만이던 미수금이 해를 거듭하게 되자 10년 만에 악성 외상 매출금만 10억이 넘는다고 한다. 차라리 중국 진출을 하지 말았으면 여생을 평안하게 살 수 있었는데 하면서 소주잔을 거푸 비운다. 필자는 그의 쓸쓸한 뒷모습을 보면서 중국 사업에서의 수금 난에 대한 글을 써야겠다는 생각을 하게 되었다.

중국에서의 사업은 매출액의 많고 적음보다 이익과 수금액을 기준으로 관리되어야 한다. 중국 사업에서 가장 어려운 것 중의 하나가 수금 난이며 이를 극복한다면 성공에 보다 가까이 다가선 것이라 확신한다.

어디에
포지셔닝할까?

중국은 이제 전 세계의 프로 장사꾼들이 몰려와 한판 승부를 벌이는 전쟁터이다. 중국은 진정한 내공을 쌓은 자만이 생존 가능한 지역이다. 중국에 진출한 한국 기업들은 몇몇 대기업을 제외하고는 한정된 경영 자원으로 무한경쟁에 노출되어 있다.

다국적기업들은 기술적 역량과 브랜드, 그리고 자금을 바탕으로 중국을 전략적으로 활용하는 데 혈안이 되어 있고, 중국 내수기업들은 자본주의적인 경영 기법들을 재빨리 습득하여 이제 외자기업들과 치열한 경쟁을 하고 있다. 사정이 이러할진대 우리 기업들이 끼어들 공간은 많지 않다.

세계적으로 널리 알려진 브랜드는 고가 정책으로 하이앤드 시장을 공략하고 있으며, 중국 내수기업들은 제조업에서의 엄청난 원가 절감 역량을 바탕으로 중저가 시장을 잠식하고 있다. 중국에 이미 진출하여 현지 생산 공장을 가진 우리 기업이나 무역으로 중국 시장 진입을 계획하는 업체들은 마케팅 전략으로 자사 제품을 어디에다가 포지셔닝하여야 할지 어려운 문제에 봉착해 있다.

우리 기업들은 다국적기업이 가진 고급 브랜드 이미지도 없고 그렇다고 중국 현지기업과 제살 깎아먹기식의 가격 경쟁에 나설 수도 없는 난감한 상황에 처해 있다. 또한, 제품에 대한 차별화도 어렵거니와 신제품이 출시되고 나면 유사품들이 여기저기서 쏟아져 나온다. 마케팅 교과서에 나오는 4P 전략이나 STP 전략은 중국에서는 무용지물이나 다름없다.

필자는 우리 기업들이 선택할 수 있는 마케팅 전략에 대한 몇 가지를 제안해 본다.

첫째, 외국으로부터 수입되는 대체품 시장을 공략한다.

수입 상품 대부분이 다국적기업의 중국에 있는 현지 기업에서 만들어지기는 하지만 아직까지 여지가 있다는 점을 주의 깊게 관찰할 필요가 있다. 제품의 질은 수입품과 거의 유사하게 가고 가격은 비교적 낮게 책정함으로써 일정한 시장을 확보할 수 있을 것으로 생각된다.

둘째, 지역적 틈새시장에서 승부를 걸어 본다.

중국은 지역적으로 상당히 다른 문화와 구매 패턴을 가지고 있다. 먼저 한 도시에 모든 역량을 집중하여 성공을 이끌어내는 전략이다. 중국은 너무 넓어 전체를 목표 시장으로 했다가는 실패할 가능성이 많다. 한 지역에서의 성공을 이어가는 과정에서 중국 시장 공략에 관한 상당한 기본기를 익힐 수 있으리라 생각한다.

셋째, 신기술을 바탕으로 한 차별화된 제품을 내놓는다.

상당히 어렵고 고도의 기술이 필요한 영역이지만 생존을 위한 가장 확실한 길이다. 신기술에 대한 끊임없는 개선이 이루어지고 있다면 이미 경쟁력을 확보했다고 보아도 무리가 없다.

넷째, 한류 열풍의 효율적인 활용으로 광고 효과를 극대화하는 전략을 추천하고 싶다.

알려진 대로 한국의 가수나 영화배우, 그리고 탤런트들은 중국의 젊은이들에게 우상으로 대접을 받는다. 사업을 하는 사람들은 이런 기회를 놓쳐서는 안 된다. 자금의 여유가 없어 직접 섭외가 어려운 경우에는 현지의 우리 기업들이 뭉쳐 공동으로 한류 주역들을 활용한다거나, 한정된 기간 동안 초상권을 빌려 사업에 적용시켜 보는 것도 시도해 볼 수 있는 전략이다.

다섯째, 국가나 지방정부의 조달 시장을 노크해 본다.

중국의 예산은 상상을 초월하는 규모이다. 우리는 세계에서 중국과 가장 오랫동안 교역을 해온 국가이다. 우리만큼 중국인의 잘 아는 사람들도 없다. 중국 사업이 꽌시에 많이 좌우된다는 특성을 활용하여 국가나 정부의 조달 시장에 접근해 보는 것이다. 다만 업무 처리는 합법적인 방법으로 법과 제도에 맞게 원칙적으로 진행시키되, 배후의 인맥을 보충적으로 활용하자는 뜻이다. 공개적으로 이야기하기는 어렵지만 중국에서의 오랜 사업 경험에 비추어 보면 상당한 틈새가 존재하며 상당한 가능성이 있는 방안이다.

중국 시장에서 성공한다면 세계 어느 시장에 가더라도 생존할 수 있는 역량을 갖추었다고 할 수 있다. 한정된 경영 자원을 가진 우리의 중소기업이 중국 시장에서 제대로 된 포지셔닝을 한다는 것은 풀기 어려운 문제이다. 스스로 해결하기 어려우면 중국 시장에 대한 전문가를 찾아 그들의 도움을 받아 전략적으로 접근해야 한다.

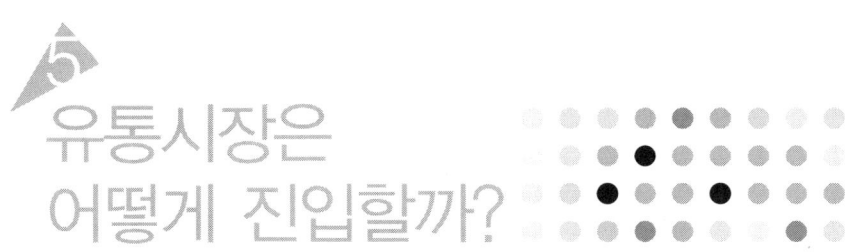

유통시장은
어떻게 진입할까?

　개혁개방 정책을 시행하기 전까지 중국 경제는 철저한 통제 경제 체제였다. 물자의 유통도 정부에서 정한 유통 등급인 1, 2, 3급참(級站: 물자 공급에 관계되는 단위 등급)에서 독점적으로 이루어졌다. 즉, 국영기업에서 통일된 가격으로 물건을 구매하여 판매하였다. 유통을 담당하는 국영기업은 상품의 공급 지역, 대상, 가격까지 국가가 정해 주는 대로 시행하는 수하 기관에 지나지 않았다. 개혁개방과 동시에 농산물과 공산품의 직접 판매를 허용하는 과정을 거쳐 오늘날 개방된 유통 체제를 갖추게 되었다.

　이러한 변화는 광동성과 상하이를 중심으로 이루어졌다. 원래 상업에 능한 중국인들은 개방과 함께 유통 분야에서 새로운 비즈니스 모델과 체계를 구축해 놓고 있다. 중국의 현대적 유통은 1991년 중국 최초의 체인슈퍼인 상하이 리앤화(上海聯華)에서 시작되었다. 곧이어 1992년에는 상하이 화리앤(上海華聯)이 설립되면서 경쟁은 불붙기 시작하였다. 할인점으로는 1995년 프랑스의 까르푸, 한국의 이마트 등이 우후죽순처럼 생겨나기 시작한다.

중국은 지역에 따라 완전히 다른 전략으로 가야 할 경우가 많이 있다. 중국을 하나의 국가로 인식하기보다는 경제 권역별로 다른 국가로 보는 것이 더 타당하리라고 생각한다. 지역간 발전의 격차도 뚜렷하다. 유통의 표준화가 먹혀들어 가는 지역이 있는가 하면 현지화 없이는 고객을 모을 수 없는 도시도 적지 않다. 지역적 차이가 많은 문화와 상관습, 그리고 소비자의 구매 패턴에 대한 심도 있는 검토가 선행되어야 한다는 뜻이다.

광동성의 선전(深川)이나 광저우(廣州)는 범 홍콩 유통 영역으로 편입하여도 무리가 없는 듯 보이며, 양쯔강(長江)을 중심으로 하는 강소성과 절강성 등은 당연히 상하이 유통권의 영향 하에 있다. 그 밖에도 베이징과 톈진을 포함하는 하북권역 그리고 산동성의 칭다오를 중심으로 하는 산동권역, 동북 3성권역 그리고 충칭 및 사천 지역의 서부권역 등으로 구분하여 파악할 필요가 있다. 우리와 마찬가지로 중국의 유통도 대형화되고 시스템화되어 감에 따라 재래식 유통은 급속도로 쇠퇴의 길로 접어들고 있다.

이렇게 경쟁이 치열한 영역에 우리 기업들이 진출하여 성공할 수 있을까? 이마트의 성공을 가벼이 보아서는 안 된다. "이마트도 성공했는데 우리라고 못할 일이 아니다"라는 생각으로 중국 유통시장을 대했다가는 큰 낭패를 볼 수 있다. 이마트가 이만큼 성과를 이룬 배경에는 현지에 파견된 중국 전문가들의 피나는 노력이 있었다.

중국의 유통시장에 진입하는 데는 시장의 판세를 읽을 줄 아는 유통의 귀재들을 상당히 확보할 필요가 있다. 상이한 상관습 등 중국 특유의 시장 환경에 대한 철저한 사전 조사가 이루어져야 함은 물론이다.

중국 진출을 희망하는 유통 전문업체에게 '한 곳에 집중하여 성공을 일구어내고 그 성공을 바탕으로 주위의 지역으로 확장시켜 나가는 전략' 을 추천하고 싶다. 중국 전역을 대상으로 하는 방만한 전략보다는 한곳에 역량을 집중하는 것이 단기간에 가시적인 성과를 올릴 수 있는 방안이다. 진출 초기에 적게나마 이익을 내는 일은 상당히 의미 있는 일이다. 작게 시작하여 거기에서 얻은 성공을 바탕으로 크게 늘려가는 지혜가 필요하다.

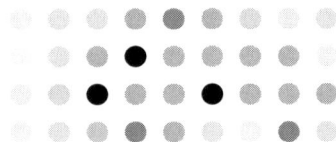

도매상 유통은
어떻게 할까?

중국의 도매상들은 기본적으로 외상으로 물건을 들여와서 그것을 팔아 대금을 지급하는 형태를 선호한다. 이것은 개방 초기 자본이 없는 상인들이 사업을 시작하면서 생긴 관행이 아닌가 생각된다. 아주 잘 팔리고 이익이 많이 나는 제품이라면 모르겠으나, 이런 거래 조건이라면 수금하는 데 문제가 발생할 소지가 짙다.

앞서도 설명하였지만 현지의 한국 관리자들은 본사나 현지의 책임자들로부터 매출 독촉에 시달리는 경우가 많다. 수금 문제가 생길 가능성이 높음에도 불구하고 매출 압박을 견디지 못하고 결국 밀어내기로 눈앞의 실적을 달성하는 경우가 많다. 이러한 밀어내기 매출은 곧 부실화 되어 미회수 채권으로 편입된다. 그렇지 않아도 중국과의 거래에서는 마진이 아주 적거나 출혈 거래가 많은데 이런 경우가 자주 발생하면 본사는 중국 시장에 대한 불신이 가중된다. 그리고 결국에는 엄청난 손실을 입어 회생 불능으로 전락하는 사례도 적지 않다.

중국이 세계의 공장이라는 것은 누구나 다 아는 사실이다. 중국에서 열리는 전시회에 참가해 보거나 혹은 도매상들을 살펴보면 깜짝 놀랄 만한 품질과 가격으로 상품들이 거래되고 있음을 알 수 있다. 제조업의 호황으로 어떤 분야는 과잉생산이나 동종업계 내의 과당 경쟁으로 인하여 직접 재료비 이하로 물건을 출하하는 경우도 많다. 중국의 내수기업들도 이제 유통의 중요성을 인식하기 시작하였다. 거대한 유통망을 가진 유통업체들은 막강한 파워로 제조업자를 통제하는 전략을 구사하고 있다.

유통 채널을 가진 기업들이 제조업체에 막강한 영향력을 행사하는 것은 세계적으로 공통된 추세이다. 향후 중국도 유통업체의 역할과 영향력이 더욱 증가될 것이 확실하다. 중국이 WTO 가입 때 제시한 내수시장 개방 일정에 따라 이제 유통업도 제약이 따르긴 하지만 대외에 개방되고 있다. 앞으로 상당한 판도 변화가 예상되고 있다.

한정된 경영 자원을 가진 우리 기업들이 드넓은 중국 내수시장으로 진출하기 위해서는 현지의 역량 있는 유통업체와 전략적 제휴를 맺거나 자체적으로 유통망을 갖추어야 한다.

필자는 규모가 작고 지역적으로 한정되더라고 목표를 정하여 기업 스스로 유통업계에 뛰어 들어가 보기를 권한다. 직접 유통에 참여해 보면 소비자들의 욕구나 해당 산업에 대한 상관습, 거래 관행, 그리고 업종의 변화를 피부로 감지할 수 있는 장점이 있다. 유통 전문 인력의 부족이나 기존 유통업체들의 견제나 훼방이 예상되지만 이를 극복하게 되면 해당 기업은 중국 내수시장에서 상당히 의미 있는 역량 하나를 가지게 될 것임에 틀림없다.

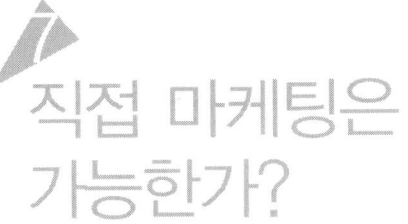

직접 마케팅은
가능한가?

일반적으로 직접 마케팅이라 함은 기업이 직접 판매 조직이나 우편, 메일 등 다양한 수단을 동원하여 소비자들과 직접 접촉하여 판매하는 방법이다. 직접 마케팅은 현재의 고객이나 잠재 고객, 그리고 표적 고객을 대상으로 지속적인 관계를 유지할 수 있다는 이점이 있다.

또한, 표적 고객에 대한 다양한 반응을 현실감 있게 파악하여 마케팅 전략에 실시간으로 반영할 수 있어 상품의 품목에 따라 잘 활용하면 단기간에 상당한 효과를 거둘 수 있는 마케팅 방식이다. 대인 직접 판매는 광고매체에 의한 간접 마케팅의 단점을 잘 보완할 수 있어 화장품, 의약품, 건강용품, 일용잡화, 운동용품 등의 판매 아이템에 상당한 효과를 보고 있다.

중국에서 우리의 기업들이 이 직접 마케팅 활동을 과연 할 수 있을까? 물론 가능하다. 특히, 중국인에 대한 이해는 서구의 외자기업에 비하여 우리가 훨씬 유리하다. 선진국의 직접 마케팅 방식은 너무 선진적이어서 중국에 적용하기에는 많은 무리가 따른다. 중국보다 조금 앞서간 우리의 경험이 중국의 현실에 더 맞다. 그리고 중국의 경제가 급속도로 발전하면서 직접 마케팅 활동을 하는 사례가 증가하고 있는 추세이므로 우리 기업들도 적극적으로 활용해 볼 만한 방식이다.

한국 기업들은 물론 외자기업들이 주로 많이 이용하는 직접 마케팅 방식은 판매 사원을 동원하여 가정이나 사무실에 방문하여 대인판매를 하는 방식이다. 가정 방문판매보다 주로 사무실 방문판매가 많이 이루어지는데 이는 중국의 가정이 낮 시간대에 비어 있는 경우가 대부분이기 때문이다. 대부분의 중국 여성들은 직업을 가지고 있을 뿐만 아니라 방문 판매원에게 쉽게 문을 열어주지 않는 사회적 분위기도 가정 방문판매를 어렵게 하는 요인이다.

| 직접 마케팅의 어려움과 주의할 점 |

중국의 판매 사원들은 수금한 돈을 가지고 달아나거나 회수하기 어려운 외상 판매를 하는 경우가 허다하다. 수당의 지급은 매출액 기준이 아니라 수금액 기준으로 지급해야 한다. 물론 한 판매 사원에게 허용 가능한 외상 매출도 판매 사원들의 신용도를 평가하여 엄격하게 관리하여야 한다.

판매 사원들을 뽑아 보면 우수한 직원을 확보하는 일이 생각만큼 쉽지 않다. 해당 지역의 출신은 직접 판매 업종에서 일하기를 꺼려 지원자의 대부분은 그곳과 아무런 연고가 없는 농촌 출신들이다. 이들은 영업 활동보다 자기 신변의 일을 처리하는 데 더 많은 시간과 정력을 쓰기 때문에 회사에 별 도움이 안 되는 경우가 많다.

방문판매가 성과를 올리려면 객관적이고 투명한 평가 시스템을 갖추고 있어야 한다. 판매 사원들의 이직률이 우리보다 높은 점을 감안하면 판매 사원의 양성과 육성이 쉽지 않음을 염두에 두어야 한다. 대부분의 이직자들은 판매 노하우와 거래처, 그리고 조직을 이끌고 경쟁업체에 입사한다. 판매 사원의 고용, 교육, 수당, 동기 부여, 영업 활동 지원 등에 대한 시스템을 갖추려면 적지 않은 투자가 이루어져야 하므로 일정 규모 이상이 되어야 해볼 수 있는 마케팅 방식이다.

열악한 경영 자원을 가진 기업이나 개인 사업자는 직접 마케팅이 불가능한가? 그렇지는 않다. 현지 교민 중 소규모로 조선족 등을 앞세우고 직접 마케팅을 하는 사례도 적지 않다. 한정된 자원으로 특정 지역을 집중 공략하는 전략으로 상당한 성과를 거두고 있는 사람도 있다. 아이템이 맞으면 한 번쯤 시도해 볼 만하다.

특히, 한국에 대한 이해도가 상당히 높은 동북 3성 지역은 직접 마케팅을 위한 환경이 갖추어지고 있는 곳으로 평가된다. 최근 적지 않은 네트워크 마케팅(다단계 판매)업체들이 중국의 주요 도시에 들어가 암중모색하고 있다.

인사노무 관리는
어떻게 할까?

| 노무 관리 |

중국에 투자하여 현지에서 노무 관리를 한다는 것은 여러 가지 어려움이 있다. 문화와 경제 환경이 다르고 수십 년간 사회주의 경제 체제 하에서 굳어진 중국 특유의 노무 관리 관행이 있어 효율적으로 관리한다는 것은 쉬운 일이 아니다. 초기에 비해 지금은 한국의 투자 기업들도 상당한 경험이 축적되어 있어 노사 분규가 많이 줄어들고 있는 상황이지만, 여전히 노무 관리는 경영 관리의 핵심 사항 중의 하나이다.

특히, 우리 중소기업들은 중국의 저렴한 노동력을 활용한 원가 절감형 투자가 대부분이므로 효율적 노무 관리가 성공을 가름하는 핵심 중의 하나임은 두말할 필요가 없다.

중국에 진출한 한국 기업들은 어떤 형태로든 중국 노동자들과 갈등을 겪고 있다. 갈등의 원인은 서로 다른 노무 관리 관행과 노동 문화의 차이에서 발생한다. 투자 초기에 비해서는 상당히 나아지고 있으나 여전히 심각한 갈등이 계속되고 있는 곳이 적지 않다.

대기업이 투자한 사업장은 작업 환경이 중국 현지기업보다 훨씬 좋으며 임금 수준도 중국 기업의 일반적 수준보다 높기 때문에 임금과 관련된 노사 분쟁은 상대적으로 적다. 좋은 근무 조건과 월등한 대우로 양질의 노동자가 몰리는 것도 노사안정에 상당히 기여하는 것으로 보인다.

또한, 현지에 파견되는 관리자도 파견 전에 철저한 교육을 받거나 현지 경험이 있는 우수한 자질을 가진 인사를 파견하기 때문에 노사 분규가 발생하더라도 적절히 대응하고 있다. 그러나 중국 투자의 80퍼센트 이상을 차지하는 중소기업들의 사업장에서는 각종 노사 분규가 끊임없이 발생하고 있는 실정이다.

중국의 경제, 사회, 문화의 특성에서 연유하는 노동 문화의 차이와 한국 관리자의 현지에 대한 이해 부족, 그리고 한국식 노무 관리 방식의 무리한 적용에 따른 마찰이 많기 때문에 정도의 차이는 있으나 업종에 관계없이 대부분의 기업이 노사 갈등의 요인을 안고 있다.

1 ▪ 사전 준비 부족

중국에 진출하기 전, 우리의 중소기업들은 임금 인상과 원자재 가격의 상승 등으로 경쟁력을 상실하게 되었다. 또한, 각종 매스컴의 중국 진출에 대한 대대적 홍보와 동종업계의 중국 진출 추세의 대세에 밀려 중국 현지에 대한 철저한 사전 조사와 준비 없이 사주의 즉흥적 결정에 의하여 투자가 결정된 경우가 대부분이다.

문화와 언어의 장벽, 노동 문화의 차이, 복잡하고 이해하기 힘든 임금 체계, 낮은 생산성 등을 전혀 감안하지 않고 무지 상태에서 투자가 이루어짐으로써 노사 갈등은 필연적으로 나타날 수밖에 없었던 것이다.

2 ▪ 노동 문화의 차이

중국에 진출한 한국 기업들의 노사 갈등의 배경에는 상이한 노동 문화의 차이가 있다. 우리의 자본주의적 사고방식과 중국의 사회주의적 사고방식의 차이이다. 한국 기업들은 노무 관리나 생산 관리가 대부분 자본주의적인 효율성을 강조하는 생산성 중심으로 짜여져 있다.

즉, 투자액의 회수와 원가 절감에 초점을 맞춤으로써 한국과 거의 같은 정도의 노동 강도를 요구하고, 이러한 문화에 익숙하지 못한 중국 노동자들과 마찰을 일으키는 것이다.

중국은 노동자들의 의식, 노동 관습, 노동 문화, 노무 관리 방식 등 모두가 사회주의 체제의 일반적인 특성을 가지고 있다. 즉, 사회주의 체제의 평등 의식으로 인한 상하관계의 인식 부족, 국영기업의 특성에 따른 주인 의식 부족과 기업에 대한 충성심 부족, 일의 성과가 보수와 연계되지 않는 점, 인센티브 시스템의 부재로 인한 책임 의식의 부족과 근로 자세의 해이함 등 사회주의 체제 노동 문화의 특성을 그대로 가지고 있다. 이러한 특성은 품질 관리 관념의 결여, 생산성에 대한 개념 부재, 나태한 근로 자세로 나타난다.

한국 기업의 경우는 지난 30년간 한국의 고성장기에 형성된 억압형 노동 문화와 노무 관리 방식을 갖고 있다. 이러한 한국형 노무 관리 방식을 그대로 중국에 적용시킴으로써 마찰이 생기는 것이다. 생존을 위한 경쟁 중심의 노동 문화, 그리고 엄격한 상하관계와 기업에 대한 충성심을 중심으로 한 억압적 노무 관리 방식은 상대적으로 느슨한 사회주의 노무 관리 방식과는 큰 차이가 있다.

3 ■ 현지 한국 직원의 자질 문제

노사 갈등의 다른 요인으로는 현지에 파견된 한국인 관리자들의 자질 문제가 있다. 중국에 파견되기 전에 언어, 문화, 관습, 풍습 등 현지에 대한 사전 준비 없이 부임함으로써 노사 갈등을 일으킨다. 한국 방식을 무리하게 강요하거나, 특히 중간 관리자 및 기술자들의 자질 부족과 현지인에 대한 오만한 자세가 갈등의 요인이 되고 있다.

한국 관리자의 업무 지시 방식은 업무 규정에 근거하는 것이 아니라 즉흥적으로 구두로 하는 경우가 많다. 중국은 사회주의 체제의 특성으로 업무 지시 방식이 대부분 규정에 의하여 문서로 행하여지는데 반하여 한국식의 업무 진행 방식은 구두로 포괄적이며 명확하지 않은 형태로 이루어져 이해하기가 힘들다.

특히, 한국은 상급자가 몇 마디 포괄적인 지시를 하더라도 하급자는 알아서 언급하지 않은 세세한 내용까지 스스로 알아서 처리한다. 그러나 중국인 근로자들은 지시한 사항 하나만 처리하고 한국인들이 보기에는 당연히 해야 하는 연관업무의 처리도 하지 않는 것이 일반적이다. 또한, 한국인 관리자들의 언어 장벽 때문에 업무 지시가 왜곡되거나 오해가 생기는 일도 적지 않다.

중소기업들은 해외 진출 경험이 거의 없기 때문에 관리자들이 외국의 근로자들을 관리해 본 경험이 부족하다. 또한, 현지에 파견된 관리자들 중에는 그들의 문화나 관습에 대해 노골적으로 무시하는 태도를 보이는 경우도 있다.

중국은 우리와 달리 직장이나 가정에서 여성의 권한이 상당히 강하다. 그리고 남녀평등은 법적으로 보장될 뿐만 아니라 사회 관습적으로도 남성과 대등한 대우를 받고 있다. 그러나 우리는 남성 우위의 관습이 많이 남아 있어 여성 근로자를 우습게보다가 많은 노사 갈등을 일으킨다.

| 영업사원 관리 |

영업은 모든 사업의 꽃이라고 한다. 모든 것은 결국 제품을 팔기 위한 것이므로 영업의 성공은 곧 사업의 성공인 것이다. 따라서 양질의 영업사원 확보야말로 사업의 성패를 좌우하게 된다. 더욱이 한정된 경영 자원을 가진 중소기업들에게 인적 자원의 중요성은 절대적이다.

중국에서 영업사원을 뽑아 보면, 영업을 해본 경험이 없거나 영업에 관한 교육을 받아 본 적도 없는 초보자들이 대부분이다. 동종업계의 경험 있는 영업사원은 임금도 비싸지만 중국의 좋지 않은 관행을 몸에 익히고 있는지라 채용하기가 망설여진다. 중국에 처음 진출하여 업계의 흐름을 이해하기 위하여 혹은 영업팀을 구성하기 위한 것이 아니라면 경력 사원은 제한적인 범위 내에서 채용하는 것이 새로운 사풍(社風)을 진작하는 데 도움이 되리라 생각된다.

대부분의 경력 사원들은 거래처로부터 리베이트 먹기, 수금 미루다 받기, 공금 횡령, 자기 관계 만들기에 능수능란하다. 시작할 때는 거창한 목표를 내세우지만 결국에는 '광고가 적다' '품질이 떨어진다' '가격이 비싸다' 등 이런 저런 변명으로 시간을 때운다. 특히, 중국인들은 자기 잘못에 대하여 끝까지 인정하지 않고 변명하는 경우가 대부분이다. 퇴로를 막고 끝까지 추궁하는 것보다 기회를 보아 비공개적인 장소에서 논리적으로 설득하는 지혜가 필요하다. 곁눈질하지 않도록 적절한 통제와 관리할 수 있는 자체 교육 프로그램을 갖추어야 그들의 이탈과 변칙을 막을 수 있다.

중국에서는 허점을 보여 도둑을 맞게 되면 도둑을 나무라는 것이 아니라 허점을 보인 사람에게 더 많은 비난이 쏟아진다. 회사 내부의 허술한 관리와 통제로 영업사원들이 해먹는 것도 직원의 문제가 아니라 회사 내부의 통제 시스템에 더 많은 잘못이 있다고 생각한다. 도둑질할 수 있는 기회가 왔는데도 도둑질하지 않는 것은 미덕이 아니라 바보로 취급받는다.

중국에 진출한 기업들은 영업사원들의 실적에 대하여 각종 장려수당을 지급하면 좋은 성과를 올릴 수 있다고 생각한다. 물론 이러한 인센티브 제도는 중국에서도 환영을 받는다. 다만, 한국에서와 같이 매출 기준으로 수당을 지급하다가는 십중팔구 망하므로, 반드시 수금 위주의 실적 평가 제도를 도입해야 한다. 매출을 기준으로 하면 친구에게 밀어주기, 창고에 쌓아두기, 수금을 늦춰 리베이트 받기 등 악용할 소지가 많다.

영업사원들의 이직률도 상당히 높아 어느 정도 쓸 만해지면 더 나은 조건을 찾아 나서는 사원들이 적지 않다. 이들을 의리나 정리로 묶어두는 것은 한계가 있으므로, 다양한 유인책을 준비하는 것도 반드시 필요하다. 단순한 급료의 인상보다는 자녀 교육비 지원, 주택 보조금 지원, 해외여행 지원 등 회사의 부담은 줄이면서 직원의 체면도 살리고 효과를 극대화할 수 있는 방법의 개발이 절실하다.

끝으로 중국에 진출한 우리 기업들은 한국식의 영업사원 관리 관행을 중국에 적용하려고 해서는 곤란하다. 중국도 이제 글로벌 스탠더드가 자리 잡고 있는 지역임을 명심할 필요가 있다. 자사의 영업에 대한 경영 자원을 객관적이고 세밀히 분석하여 인적 자원의 교육 훈련 시스템을 개발하여야 한다.

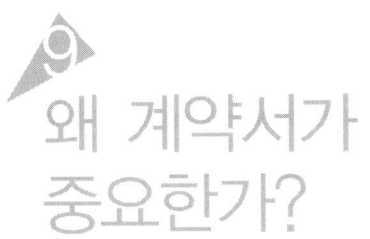

왜 계약서가
중요한가?

　중국에서는 계약을 '합동(合同)'이라고 한다. 계약서를 '합동서'라고 한다. 외국인 투자가가 중국의 기업이나 개인과 합자나 합작기업을 설립하려 할 경우 작성된다. 외자기업이 중국에서 작성하는 서류 중 법적인 구속력을 갖는 서류는 계약서뿐이므로 계약서를 작성할 때는 세부 항목을 꼼꼼히 검토하고 서명에 신중해야 한다.

　계약서에는 기업의 설립과 경영 관리, 분쟁 해결, 청산에 이르기까지 중국 투자의 모든 것을 규정한 중요한 문서이다. 다소 비용이 들더라도 중국 외자 도입 법률에 정통한 변호사나 법률가의 자문을 받는 것이 좋다.

　단독 투자인 경우는 투자 허가 신청 시 계약서가 필요치 않지만 합자나 합작 투자는 계약서가 반드시 필요하며, 한국 국내 금융기관과 중국 투자허가기관에 제출하여 심사를 받아야 한다.

　계약을 체결할 때 한국어와 영어, 그리고 중국어로 동일한 내용을 각각 2부씩 작성하여 서명한 후, 공증을 받아서 투자자 쌍방이 계약서 각 1부씩을 가지도록 한다. 특히, 이 계약서는 주중 한국영사관에서 영사 확인을 받아둘 필요가 있다.

중국어와 영어 및 한국어로 계약서를 작성할 경우, 한국어와 영어로 작성되는 내용이 중국어 내용과 일치하는가를 반드시 확인할 필요가 있다. 문제가 발생할 경우, 별도 명시가 없는 한 중국어로 작성된 계약서가 주로 효력을 발휘하기 때문에 중국어로 작성되는 계약서가 제대로 투자 계약 내용을 반영하고 있는지에 대한 점검이 필요하다.

한편 계약서의 내용은 쌍방의 합의 사항에 따라 다르겠지만 실제로는 중국 측이 거의 정형화된 계약서 예문을 제시하면서 이에 준해 계약 체결할 것을 제안하는 경우가 많다.

우리 투자자들이 주의할 점은 이 정형화된 계약서 예문은 중국 측에 유리한 조건을 규정하고 있을 가능성이 많으며, 우리 투자자 측에서 각각의 조항이 가지는 법률적 의미를 정확히 파악하지 못할 가능성이 크다는 사실이다. 이런 점을 감안한다면 의향서나 협의서, 사업 타당성 검토 보고서 등에 근거하여 한국 투자자와 중국 측 합작선이 각각 계약서 안을 작성하여 협상을 통해 결정하는 방식이 좋을 것으로 보인다.

물론 계약의 체결 단계에 이르기까지 이미 수차의 상담 과정을 거쳐 의향서, 협의서, 사업 타당성 검토 보고서 등으로 투자 사업의 내용이 정해져 있지만 엄밀한 의미에서 보면 계약서가 비로소 법률적 구속력을 갖는 최초의 문서이며 쌍방의 권리와 의무를 규정하는 최고의 효력을 갖는 것이기 때문에 계약 체결은 충분한 시간을 갖고 법률 전문가의 자문을 구한 뒤에 추진해야 한다.

지은이 **조평규**

경남 통영 출생. 1956년생. 대학과 대학원에서 중국 문학, 중국 정치학, 국제경영학을 연구하였다. 1987년부터 중국 사업을 시작하여 지난 10년간 현지 투자기업을 경영하였다. 최근 귀국하여 대 중국 투자컨설팅 회사를 경영하고 있는 중국 전문가이다. 또, 중국공상연합회 소속의 한중기업연의회 한국측 부회장을 맡고 있으며 중국 정·재계에 많은 인맥을 보유하고 있다.

경북대학교 경영학 석사, 서강대학교 경영학 석사 및 박사 과정, 한국상업은행, (주)원정 상무이사, 북경크리스탈생수유한공사 사장 역임, 서울국제학교 감사(현), 한국상립대투자고문유한공사 사장(현), NE Int'l(주) 회장(현), 북경투자기업협의회 부회장(역임), 재중국한인회 부회장(역임), 한중기업연의회 부회장(현)

논문 및 저서
《재중국 한국 기업의 중국 내수시장 진출 전략》《중국 그들의 코드에 맞춰라》《한류와 마케팅》《중국 투자기업의 노무 관리》《중국 기술 이전 계약서 작성》《중국 투자기업 계약서 작성》《중국 국유기업 M&A 전략》등 다수.

칼럼 및 기타
삼성경제연구소 중국 e-biz 포럼 운영위원, 엠파스의 중국 전문가 칼럼 연재
(china.empas.com/중국 전문가 칼럼/중국 사업 공략)

Tel: 02)413-8676   Fax: 02)413-8675   Mobile: 016-464-5606
Email: beijiancn@empal.com
       beijiancn@yahoo.co.kr
       ceo@kctcg.com